AF274677

habilidades lingüísticas

EL ARTE DE COMUNICAR. COMO APRENDER A RELACIONARSE EN EL AULA Y EN CASA

ROCÍO MARTÍNEZ NAVARRO

Saralejandría
ediciones

Del texto:
Rocío Martínez Navarro
Perfil profesional:
@flecoucou
Diseño de edición:
Elena Torres Andrés

De la presente edición:
Grupo Sar Alejandría S.L
Edita:
Saralejandría Ediciones
ISBN: 978-84-10105-65-2
Depósito Legal: CS 859-2024

Dedicado a todos los docentes, que cada día
inspiran, motivan y enseñan con pasión.

ÍNDICE

PRÓLOGO

Las redes están repletas de recursos educativos, de modo que en muchas ocasiones es complicado saber a dónde acudir para conseguir aquello que necesitas. El libro de Rocío pone a nuestro alcance numerosas actividades clasificadas y ordenadas de tal manera que siempre podamos acudir a él cuando lo necesitemos.

"El arte de comunicar" desarrolla cientos de actividades que pretenden enseñar a través de un enfoque comunicativo, en el que el alumnado consiga aprender haciendo, hablando, escribiendo, escuchando... de qué manera se entiende el aprendizaje si no se practica.

Lo que nos demuestra Rocío con este texto, es que las actividades pueden adaptarse a cualquier idioma, incluso, a cualquier tipo de aprendizaje. Ella asienta las bases con sus recursos, pero podemos llevárnoslos a nuestro terreno transformándolos según nuestras necesidades.

Y qué es lo que más tememos los docentes, cuando hay que celebrar alguna efeméride. Ella plantea una serie de actividades enfocadas a la cultura del idioma o cualquier celebración que pueda surgirnos. Y esto, es de gran ayuda para nuestras programaciones.

En definitiva, creo que es un libro comodín que siempre puede salvarnos de un pequeño o gran apuro.

Pero si algo produce este libro al tenerlo entre tus manos, es la felicidad de saber que sigue habiendo personas dispuestas a cambiar la educación, a salir de lo tradicional y a acercar a las aulas otras maneras de aprender, partiendo de los intereses de los niños y niñas y de que no se den cuenta de que lo que realmente están haciendo no es jugar, sino adquirir sus aprendizajes.

¿QUIÉN SOY YO?

Menuda pregunta, simple pero difícil de responder. Para empezar mi nombre es Rocío, aunque también me llaman Ro. Soy de Jaén, concretamente de un pueblo, La Carolina. Me definiría como una persona alegre, divertida, detallista empática y valiente, ya que soy maestra interina, lo que conlleva cada año coger mi maleta y recorrer mil rincones del mapa. Mil rincones de los que te llevas muchas cosas buenas y muchos aprendizajes. Mi aventura comienza en Aragón, mis mañicos/as me acogieron con los brazos abiertos y aunque se me hacía un poco cuesta arriba por estar a más de 400 km de mi casa, me llevé a personas maravillosas de esas que ya se quedan para siempre. Después de estar casi 5 años allí, llegó lo que más quería, trabajar en mi Andalucía, porque el que me conoce sabe que soy muy del Sur, y aquí sigo intentando dejar un trocito de mi en cada cole que voy, pero llevándome yo también trocitos de cada uno.

En cuanto a mi formación, realicé en Jaén el Grado de Educación Primaria con mención en Lenguas Extranjeras (Francés e Inglés) y realicé un Máster especializado en las nuevas tecnolo-

gías aplicadas a la educación en la Universidad de Nebrija, además de formación en idiomas. Me encanta mi trabajo y no me canso de pensar y crear recursos y materiales para que mis alumnos/as aprendan jugando y divirtiéndose. Estos materiales los comparto a través de redes sociales con mi cuenta de Instagram @flecoucou y me hace muy feliz, ya que me permite conocer a compañeros/as de profesión de los que aprendo mucho. Cada vez que creo un nuevo recurso, en primer lugar lo pongo en práctica personalmente y después lo comparto por redes. Lo que más me llena es que otros compañeros lo pongan en práctica en sus clases y compartan sus experiencias, ya que el mismo recurso tiene diferentes resultados dependiendo del docente y de los alumnos/as.

¿Por qué escribo este libro? Este libro surge cuando la Editorial Sar Alejandría se pone en contacto conmigo y me propone empezar esta aventura. Nunca me había planteado escribir un libro,

pero al conocer los ejemplares que ellos publicaban y sentirme identificada con sus publicaciones, decidí hacerlo con el objetivo de ayudar a los docentes a hacerles más fácil su labor en clase.

La vida de un maestro es un constante equilibrio entre la pasión por la enseñanza y la realidad de las exigencias burocráticas. La realidad es que el día a día de muchos docentes está marcado por interminables trámites y una carga de trabajo que deja poco margen para la reflexión pedagógica. Entre reuniones, papeleo y la presión llegar a los objetivos, el tiempo para diseñar actividades significativas, dinámicas e innovadoras parece quedar en segundo plano. Este libro tiene el objetivo de ser una herramienta que libere a los maestros de esa presión, ofreciendo soluciones prácticas y accesibles para enriquecer el aula, a pesar de las limitaciones del sistema. Un repertorio variado de recursos y dinámicas que puedan adaptarse a diferentes niveles y áreas, que además motivan a los alumnos/as.

Por otro lado, como maestra de vocación que soy, desde pequeña soñaba con ponerme delante de esas pequeñas mentes y poner un trocito de mi en ellos, por eso, si con este libro logro llegar a docentes que estén un poco perdidos o desmotivados por el sistema, por el paso del tiempo o por otra razón, espero poder encender de nuevo esa llama de la motivación tan necesaria para transmitir y enseñar. Recuerda que en nuestras manos está el futuro y recuerda el porqué elegiste esta bonita profesión y la suerte de poder dedicarte a ella.

Sin olvidar a los futuros/as maestros/as, escribiendo este libro me acuerdo de vosotros/as, y recuerdo por todas las etapas que he pasado ya y que aún me quedan por pasar. Cuando las estaba pasando no entendía nada y me frustraba porque nada de lo que quería me llegaba, empezando por irme a muchos kilómetros de mi casa para comenzar como maestra, pasando por dedicarme a unas oposiciones en las que puse todo de mí sin obtener el resultado esperado, la eterna espera cada semana deseando un destino que nunca llegaba en mi querida Andalucía y viajando a muchos destinos que no deseaba, pero ahora lo entiendo todo. He tenido que pasar por todas esas cosas para ahora poder apreciar mucho hasta donde he llegado a día de hoy y estoy segura que me queda mucho por descubrir de la mano de esta profesión.

Futuros/as maestros/as disfrutad cada parte del proceso, no todo sale a la primera y posiblemente pases por muchas situaciones en las que te gustará tirar la toalla, la incertidumbre, los nervios, las horas de estudio, los procesos selectivos, los kilómetros que te separan de tu familia y seres queridos, todo eso queda en segundo plano cuando entras a tu primer cole, así que recuerda:

Estás en el camino correcto y un poquito más cerca de poder dedicarte a la profesión más bonita del mundo. ¡Nunca olvides por qué empezaste! Esas pequeñas mentes están esperando a alguien como tú.

INTRODUCCIÓN

¿Qué es comunicar? ¿Alguna vez te lo has preguntado? El hecho de pronunciar palabras no implica comunicación, hablar es transmitir información sobre algo, pero comunicar va mucho más allá, ya que al hacerlo conectamos con el otro y despertamos diferentes emociones. Comunicar es comprender, es decir, va más allá del lenguaje (mental), ya que incorporamos las emociones, es sentir con las personas.

Y ¿Qué es el Arte? Arte es aquello bello, fluido, espontáneo... Es una manifestación o una expresión de algo donde se plasman emociones y sentimientos. Proviene del latín *ars, artis* y su definición es una obra o trabajo que expresa mucha creatividad, y también del griego *τέχνη* (téchne) que significa "técnica". Ambas definiciones están relacionadas, debido a que cada persona tiene una técnica y pone en práctica su creatividad al comunicar.

"El Arte de Comunicar" es el título de este libro, ya que el Arte es algo personal y auténtico y si lo transportamos al campo de la comunicación cada persona comunicará de manera totalmente diferente a otra. Dependiendo de su contexto, sus emociones, sus vivencias, su personalidad e infinitas variables más cada individuo, en este caso alumn@, comunicará de manera única e irrepetible.

Este libro nace con el propósito de ser una guía práctica y accesible para desarrollar y perfeccionar las habilidades lingüísticas en lengua castellana y extranjera, poniendo siempre al alumno en el centro del proceso de aprendizaje. A lo largo de sus capítulos, abordaremos diferentes actividades y recursos en los que el alumno es el eje principal. Cada propuesta educativa está diseñada con un enfoque lúdico, buscando que el aprendizaje sea una experiencia divertida y motivadora. Además se tendrá en cuenta la cultura de cada lengua y sus costumbres.

La motivación del alumnado es clave para un aprendizaje efectivo. Por eso, en este libro encontrarás recursos y dinámicas que, además de estimular las competencias comunicativas, están pensados para capturar el interés del estudiante y despertar su curiosidad. Desde la comprensión lectora hasta la expresión escrita, pasando por la escucha activa y la producción oral, cada capítulo está orientado a que el alumno aprenda de manera significativa, mientras se divierte y se siente motivado, además de un capítulo dedicado exclusivamente a recursos para el uso del docente.

Sin olvidar nuestras mejores aliadas, las nuevas tecnologías que nos ayudarán en el proceso de adquisición y mejora de las habilidades lingüísticas, integrándolas de manera que el alumno sienta que el aprendizaje parte de su entorno más cercano, ya que vivimos en una realidad en la que la tecnología avanza a un ritmo vertiginoso, transformando todos los aspectos de nuestra vida cotidiana. Desde cómo nos comunicamos hasta cómo accedemos a la información y resolvemos problemas, las nuevas tecnologías se han convertido en un recurso que sostiene el mundo actual. En este contexto, la educación se enfrenta a un desafío: integrar estas tecnologías de manera efectiva en el proceso de enseñanza y aprendizaje.

La revolución digital ha creado un entorno en el que la capacidad para adaptarse y utilizar herramientas tecnológicas es más que una ventaja; es una necesidad fundamental. Los estudiantes de hoy no solo necesitan dominar las diferentes áreas, sino que también deben desarrollar competencias digitales que les permitan navegar con éxito en un mundo cada vez más interconectado.

Incorporar las nuevas tecnologías en el ámbito escolar no solo enriquece el proceso de aprendizaje, sino que también prepara a los estudiantes para enfrentar los retos y oportunidades del siglo XXI. Al trabajar con herramientas digitales, los alumnos pueden acceder a recursos globales, colaborar de manera más efectiva y desarrollar habilidades de pensamiento crítico que son esenciales en la era de la información.

Nuestra meta es que, al concluir la lectura, tanto los docentes como los estudiantes se sientan empoderados para enfrentar los desafíos del aprendizaje lingüístico con confianza, creatividad y entusiasmo. El Arte de dominar el lenguaje no solo les permitirá comunicarse mejor, sino también entender y conectarse más profundamente con el mundo que les rodea, disfrutando cada paso del camino.

ACOMPÁÑAME y siente el arte de comunicar

LA IMPORTANCIA DE DESARROLLAR LAS HABILIDADES LINGÜÍSTICAS

Como hemos visto anteriormente, vivimos en un mundo cada vez más interconectado, por tanto desarrollar las habilidades lingüísticas es fundamental para el éxito académico, profesional y personal. Dominar la lengua castellana, junto con una lengua extranjera, no solo enriquece a nivel cultural, sino que también nos abre las puertas a nuevas oportunidades y nos permite establecer vínculos con personas de diferentes contextos y culturas.

Desarrollar las habilidades lingüísticas en el contexto escolar es esencial para el éxito educativo y el crecimiento integral de los estudiantes. Las habilidades lingüísticas—que incluyen la lectura, la escritura, la comprensión oral y la expresión oral—son la base sobre la cual se construye todo el aprendizaje. Sin un dominio sólido del lenguaje, los estudiantes enfrentarán dificultades no solo en materias relacionadas directamente con la lengua, sino en todas las áreas del conocimiento.

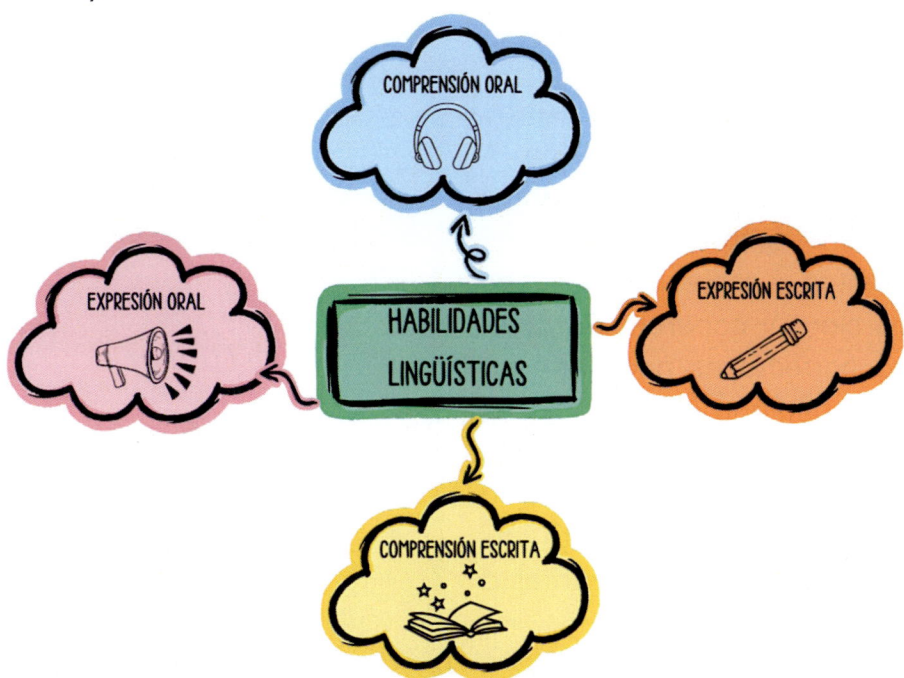

En primer lugar, el desarrollo de habilidades lingüísticas es fundamental para la comprensión de contenidos académicos. La capacidad de leer y entender textos permite a los estudiantes acceder a la información en todas las materias. La lectura comprensiva es necesaria para entender problemas matemáticos, analizar textos literarios, interpretar datos científicos y comprender conceptos abstractos. Sin una base sólida en la lectura, los estudiantes pueden tener problemas en el camino de su aprendizaje.

Asimismo, la escritura es una herramienta esencial para la expresión. A través de la escritura, los estudiantes organizan sus pensamientos, desarrollan argumentos, y expresan sus ideas de manera clara y coherente. Escribir de manera correcta es necesario en nuestra vida cotidiana (rellenar documentos, comunicarnos con otra persona, presentar una queja...). Además, la escritura fomenta el pensamiento crítico, ya que obliga a los estudiantes a

reflexionar sobre lo que han aprendido y a comunicarlo de manera efectiva.

La expresión oral y la comprensión oral son igualmente importantes en el contexto escolar. Los estudiantes que pueden comunicarse verbalmente con claridad están mejor preparados para participar en debates en clase, colaborar en proyectos en grupo y hacer presentaciones orales. Estas habilidades también son esenciales para el aprendizaje colaborativo, donde la capacidad de escuchar y responder a los demás es clave para el éxito. La interacción verbal no solo ayuda a los estudiantes a procesar la información, sino que también fomenta la confianza en sí mismos y el desarrollo de habilidades sociales.

En resumen, el desarrollo de habilidades lingüísticas en el contexto escolar es crucial para el éxito académico y el desarrollo personal de los estudiantes, además de ser una base imprescindible en nuestra vida diaria ya que nos ayuda a comunicarnos de manera efectiva en la sociedad. Estas habilidades son la base del aprendizaje y la comunicación, y su dominio abre las puertas a un mundo de oportunidades.

Además, en un contexto escolar multicultural y multilingüe, el desarrollo de habilidades lingüísticas en más de una lengua es una ventaja significativa. Aprender una lengua extranjera no solo amplía las oportunidades académicas y profesionales, sino que también enriquece la comprensión cultural y la empatía. Los estudiantes que dominan varias lenguas tienen la capacidad de comunicarse con personas de diferentes orígenes, lo que les permite participar en un mundo cada vez más globalizado e integrado.

RECURSOS PARA DESARROLLAR LAS HABILIDADES LINGÜÍSTICAS EN CASTELLANO

En este capítulo podrás encontrar diferentes recursos que desarrollan las diferentes habilidades lingüísticas:

DIARIO DE APRENDIZAJE

Con este recurso se pretende que el alumno/a reflexione sobre sus aprendizajes y lo comparta con sus compañeros. Se trata de una plantilla que deben rellenar reflexionando sobre lo que han aprendido a lo largo del día, la semana, o el mes. F

SOPA DE LETRAS

Utilizando este caldero y las letras se pueden realizar diferentes juegos cambiando la dificultad, lo que permite adaptarlo a diferentes niveles y etapas.

Juego 1:

Le damos una palabra y el alumno/a debe escribirla utilizando las letras dentro de la olla.

Juego 2:

Le damos una palabra desordenada y ellos tienen que ordenarla colocándola en orden en la olla.

Juego 3:

Le damos varias letras y el alumno/a debe formar todas las palabras posibles.

Juego 4:

Pronunciamos la palabra que queramos que escriba y sin apoyo visual el/la alumno/a debe escribirla.

Habilidades que se desarrollan con este juego:

Expresión escrita, comprensión oral y comprensión escrita.

Etapa a la que va dirigida:

Educación Infantil y Educación Primaria

SOPA DE LETRAS

A	A	A	A	B
B	C	C	D	D
E	E	E	E	F
F	G	G	H	H
I	I	I	I	J
J	K	K	L	L
M	M	N	N	O

O	O	O	P	P
Q	Q	R	R	S
S	T	T	T	U
U	U	V	V	W
W	X	X	Y	Y
Z	Z			

@FLE_COUCOU

ADIVINANDO-ANDO

Dentro de una caja meteremos diferentes objetos, los alumnos/as los deben ir tocando sin verlos e ir describiendo lo que perciben mediante el tacto. Por ejemplo: es un objeto alargado y con punta (lápiz). Los/las compañeros/as deben escuchar e intentar adivinar de qué se trata. Por otro lado, si queremos trabajar la expresión escrita podemos pedir a los alumnos/as que escriban esa descripción y que además a través de su imaginación añadan datos que no se pueden percibir mediante el tacto. Por ejemplo, el color, el olor...

Se puede realizar otra variante, en este caso, el docente entrega a los alumnos/as las descripciones por escrito y mete dentro de la caja diferentes objetos, los alumnos deben a través del tacto escoger el objeto que se asemeje a la descripción.

En los cursos inferiores se podría adaptar enseñando los objetos antes de introducirlos en la caja, de esta manera el alumnado ya habría tenido un primer contacto con ellos y será más fácil reconocerlos a través del tacto.

Habilidades que se desarrollan:

Las cuatro habilidades lingüísticas.

Etapa a la que va dirigida:

Educación Infantil y Educación Primaria.

LA CAJA DE LAS HISTORIAS

Dentro de una caja colocaremos diferentes objetos, pueden tener relación entre ellos o no tenerla. Los alumnos/as sacarán 2 o 3 objetos de esa caja y deberán inventar una historia utilizando esos objetos como parte de la historia. Puede enfocarse de dos modos: de manera oral, en este caso, el/la alumno/a debe crear la historia improvisando y contarla a sus compañeros, o bien de manera escrita, de modo que el/la alumno/a tendrá tiempo para pensar y redactar dicha historia, pudiendo además contarla posteriormente de manera oral.

Además el docente puede realizar la actividad a través de diferentes agrupamientos, ya que se puede realizar de manera grupal (inventando una historia entre todos), en grupo pequeño, por parejas o individualmente.

Habilidades que se desarrollan:

Expresión escrita, expresión oral y comprensión oral.

Etapa a la que va dirigida:

Educación Primaria y Educación Secundaria.

Este recurso es muy sencillo, en un muro o pared encontraremos diferentes post-it en los que los alumnos deberán escribir lo que se les pida o realizar la orden que se indique. La orden que se ponga en el post-it es totalmente libre, debido a que la persona que la escriba decidirá la habilidad que quiere trabajar y el contenido a tratar. Un ejemplo podría ser: Cuenta un cuento inventado y realiza una pregunta sobre él ¿Estará atento tu público? Con este ítem lo que se pretende desarrollar es la comprensión oral y la expresión oral. Pero, de igual manera se puede trabajar las demás habilidades. En el caso de querer desarrollar la expresión escrita, podríamos indicar en el nota de papel: "Apunta los animales preferidos de tus compañeros, luego inventa un cuento mezclándolos todos".

Habilidades que se desarrollan:

Las cuatro habilidades lingüísticas.

Etapa a la que va dirigida:

Educación Primaria y Educación Secundaria.

TARJETAS PARLANCHINAS

Con estas tarjetas se pretende desarrollar la expresión oral, ya que cada una de ellas te sitúa en diferentes contextos. Por ejemplo, si pudiera ser un animal sería... El/la alumno/a deberá expresarse siguiendo sus emociones y sentimientos, por lo tanto cada respuesta debe ser diferente.

Estas tarjetas también se pueden llevar al ámbito de la expresión escrita, ya que en lugar de ponerse en situación y expresarlo oralmente, el alumno/a puede expresarse de manera escrita.

Variantes de la actividad:

Una vez que cada alumno/a haya redactado de acuerdo a sus pensamientos esa situación, los alumnos deben adivinar que redacción corresponde a cada alumno/a.

Habilidades que se desarrollan:

Las cuatro habilidades lingüísticas.

Etapa a la que va dirigida:

Educación Infantil y Educación Primaria.

Si solo pudieras comer una cosa ¿Qué sería? ¿Por qué?

De mayor me gustaría ser...

Mi mayor deseo es...

Si pudiera ser un animal sería...

Mi canción o cantante favorito es...

¿Cuál ha sido tu peor día?

Con este recurso los alumnos/as deberán dibujar siguiendo las indicaciones, puede ser un paisaje, un personaje, una receta... Las indicaciones pueden ser dadas de manera oral o de manera escrita.

El juego se puede llevar a cabo siendo el docente el que da las indicaciones o cambiando de rol y el alumno/a sería quien indica. Cuando todas las indicaciones estén dadas, se puede comparar el dibujo original y el de cada alumno/a y así ver las diferentes percepciones.

Habilidades que se desarrollan:

Las cuatro habilidades lingüísticas.

Etapa a la que va dirigida:

Educación Infantil y Educación Primaria.

El juego de Pasapalabra es conocido por el programa televisivo, pero llevarlo a las aulas es muy divertido. Las palabras y las definiciones las elaborarán ellos mismos de esta manera utilizarán los ordenadores/tablet para buscar la información. Los agrupamientos para esta actividad pueden ser varios, podemos dividir en pequeños grupos o por parejas. Como recomendación a cada grupo/ pareja se les dará una temática. Una vez creado podrán convertirse en verdaderos/as jugadores.

Habilidades que
se desarrollan:

Las cuatro habilidades.

Etapa a la que
va dirigida:

Educación Primaria
y Educación Secundaria.

RIMANDO-ANDO

En esta actividad los alumnos/as deberán crear sus propias rimas jugando con las palabras. Se puede adaptar a varios niveles:

Nivel infantil y I° ciclo primaria:

El docente le pondrá varios ejemplos y trabajará las rimas en clase, esas rimas serán desordenadas y deberán ordenarlas en gran grupo o por equipos. Después pueden crear carteles con esas rimas ya unidas para decorar la clase, además de memorizarlas y recitarlas. Se podría orientar en rimas para cada estación del año y llevarlas a cabo en la asamblea dependiendo de la estación en la que se encuentre.

Nivel 2° y 3er ciclo de primaria:

En este caso podemos subir un poco el nivel y dar a los alumnos en lugar de fragmentos de las rimas palabras sueltas y ellos deben crear la rima. Otra variante podría ser darle el comienzo y que ellos continúen esa rima. De igual manera se pueden crear carteles y recitarlas en clase.

Nivel secundaria:

Subiendo un poco más el nivel los alumnos/as deben crear sus propias rimas partiendo de un tema. Por ejemplo, podríamos darle la temática de los oficios, diferentes efemérides... y ellos deben crear en torno a esa temática.

Rimando-ando

En el agua la ballena...

A la niña...

La cereza tiene su ramita....

...le gusta la piña

...para verse bonita

...nada como una sirena

¡FABRICANDO CUENTOS!

A través de cualquier aplicación de inteligencia artificial los alumnos podrán crear sus propias historias. Deben redactar muy bien lo que quieran que aparezca en su historia (personajes, personalidad, sucesos, acciones, público al que va a ir dirigido...). Lo que conllevará una preparación previa a la creación de historias, por ello antes de crearlas deberán rellenar la ficha "Fábrica de cuentos" en la que tendrán que reflexionar sobre todos estos puntos.

Las herramientas de IA que yo suelo utilizar para estos casos son ChatGPT o Gemini, debido a que pueden usarlas tan solo registrándose con el correo electrónico.

Esta actividad es adaptable a varios ciclos:

En la etapa de Educación Infantil y primer ciclo de Educación Primaria:

Podemos hacer una asamblea en la que los alumnos nos cuentes sus personajes favoritos, situaciones que puedan suceder y les interesen, lugares que les atraigan... Una vez recopilada la información será el docente el que utilizará esta herramienta y posteriormente leerá estos cuentos en clase. Con estos cuentos podemos realizar una amplia variedad de actividades partiendo de sus gustos y preferencias. Por ejemplo, se podría dar la historia desordenada y que los alumnos la ordenen, cambiar el final de la historia, representar la historia, crear una portada para cada cuento...

Para ciclos superiores de Educación primaria y Educación secundaria:

Ya que los alumnos tienen mayor autonomía, se agrupará a los alumnos/as por grupos o parejas y se les entregará la ficha "Fabrica de cuentos" y con ayuda del docente deberán plantear todos los aspectos a tratar para su cuento. Una vez realizada la ficha entrará en acción la IA y crearán su propio cuento. De igual manera se pueden realizar otras actividades relacionadas con los cuentos creados, por ejemplo, resumir las historias, convertir la historia en cómic, realizar descripciones de los personajes, inventar una canción, realizar una ficha de comprensión...

Habilidades que se desarrollan:

Las cuatro habilidades lingüísticas.

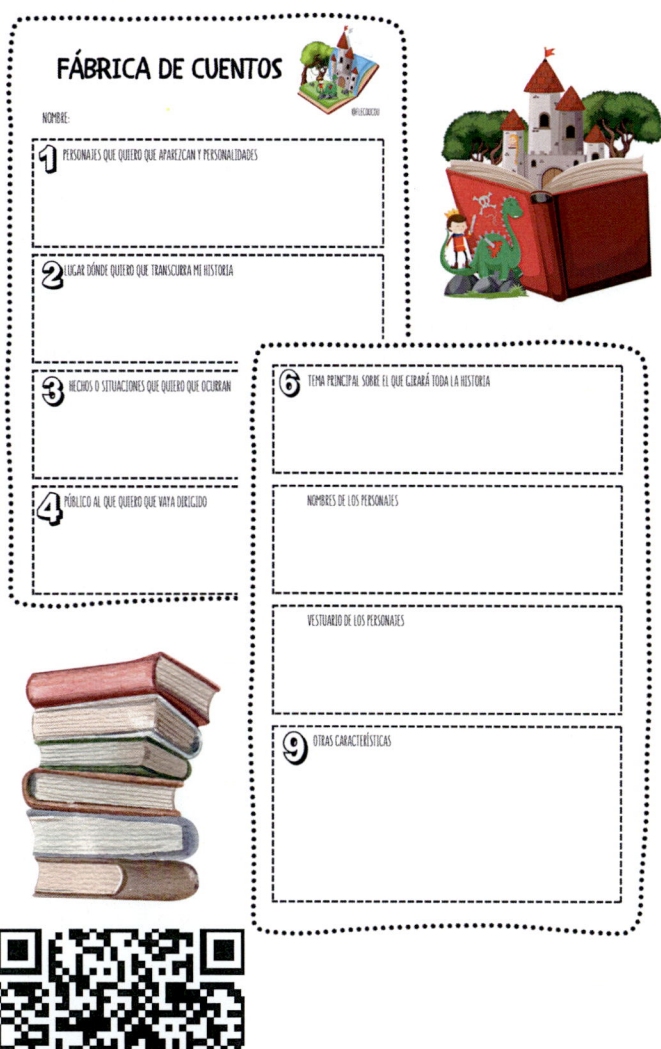

FÁBRICA DE CUENTOS

NOMBRE:

1 PERSONAJES QUE QUIERO QUE APAREZCAN Y PERSONALIDADES

2 LUGAR DÓNDE QUIERO QUE TRANSCURRA MI HISTORIA

3 HECHOS O SITUACIONES QUE QUIERO QUE OCURRAN

4 PÚBLICO AL QUE QUIERO QUE VAYA DIRIGIDO

6 TEMA PRINCIPAL SOBRE EL QUE GIRARÁ TODA LA HISTORIA

NOMBRES DE LOS PERSONAJES

VESTUARIO DE LOS PERSONAJES

9 OTRAS CARACTERÍSTICAS

Con esta actividad nuestro principal objetivo es que los alumnos realicen comprensiones lectoras con lecturas que les motiven y que sientan interés por leerlas y aprender cosas nuevas. En primer lugar, los alumnos/as deben rellenar un cuestionario con preguntas acerca de sus intereses, curiosidades, gustos y preferencias. De este modo, podremos obtener la información necesaria para la creación de estas lecturas.

Una vez obtenida la información de los alumnos/as es la hora de que el docente recopile textos, ya sea de internet, periódicos, textos de creación propia... A través de ellos se va a crear una serie de preguntas de comprensión. Podemos crearlas nosotros/as mismos/as o podemos utilizar la aplicación Quizziz en la que nos da la opción que introduciendo el texto de comprensión crea preguntas con diferentes niveles de dificultad.

Además si utilizas está aplicación puedes evaluar a los alumnos/as a través de sus códigos QR o puede utilizar la versión papel.

Habilidades que se desarrollan:

Comprensión escrita.

Etapa a la que va dirigida:

Educación Primaria y Educación Secundaria.

COME-COCOS COMODÍN

El juego del comecocos yo lo utilizo como un juego comodín, ya que se puede adaptar a muchas temáticas. Partiendo de la plantilla, se pueden crear una gran variedad de recursos. Aquí te dejo la plantilla para que puedas editarla y adaptarla al contenido y materia que prefieras.

Una vez impresa la plantilla los alumnos deben decorarla y montar el comecocos. Lo recomendable es jugar por parejas, pero también podemos jugar en grupos pequeños. En primer lugar, se debe escoger un número y se abrirá y cerrará el comecocos esa misma cantidad de veces. Después, se escoge un color, tras escogerlo se abrirá la solapa y se realizará la pregunta que corresponda. La respuesta puede ser dada de manera oral o escrita.

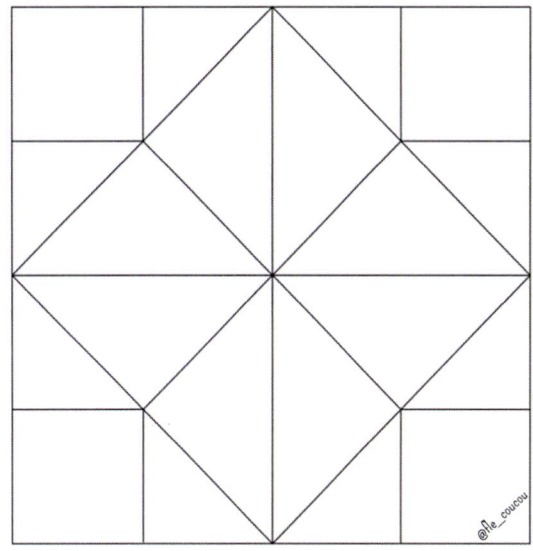

COMECOCOS LA PALABRA

Repaso de contenidos de la unidad, una vez trabajada la unidad utilizo este recurso para afianzar los conocimientos de una manera lúdica. En este caso el comecocos está relacionado con los contenidos de "la palabra". Los alumnos/as deben jugar por parejas y en un papel ir respondiendo las preguntas. Si la respuesta es errónea debe repetirla. Gana el/la que antes responda a las preguntas correctamente.

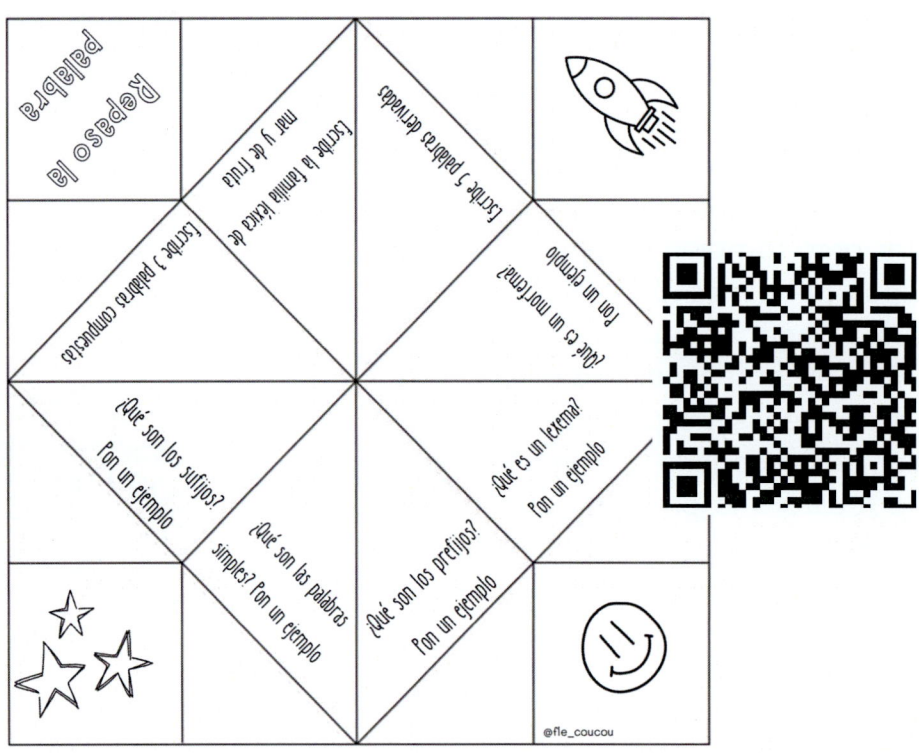

CONTINÚA LA HISTORIA

El juego comienza con unas tarjetas en las que podrás encontrar varios comienzos de historias, el/la alumno/a deberá elegir una tarjeta y continuar la historia que le haya tocado de manera oral o escrita.

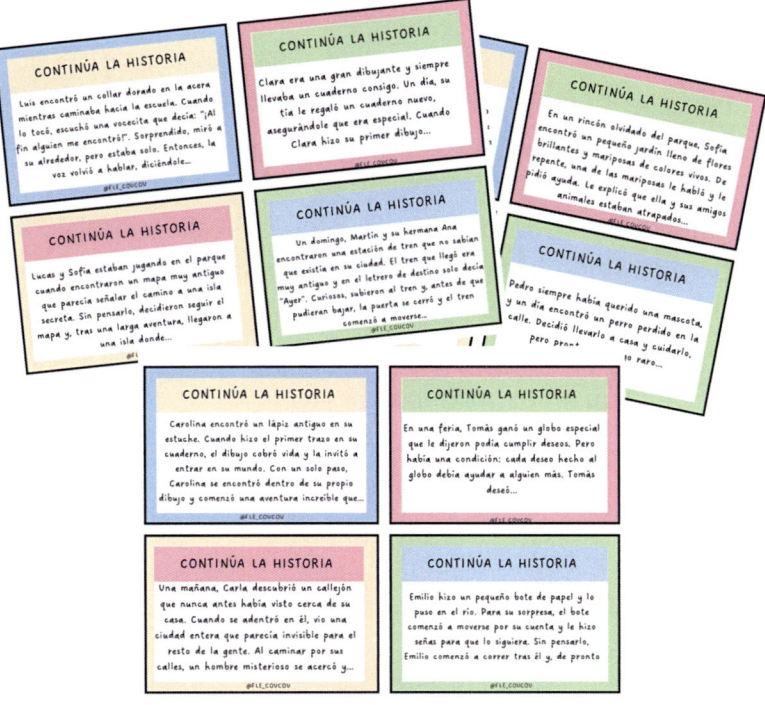

¡EL ARTE DE LA CANCIÓN!

Con este recurso le damos un papel principal a las canciones, ya que en primer lugar escogeremos una canción que creamos que motive al alumnado. Una vez elegida, en torno a ella podremos realizar diversas actividades.

Actividad 1:

Musicuento: Crear un cuento a partir de esa canción. Los alumnos/as escuchará la canción y reflexionarán sobre la letra y la temática de manera oral. Tras ello deben crear una historia que será redactada y tendrá su propias ilustraciones. Una vez creadas las historias, se puede realizar un concurso, ya que eso les hará estar más implicados y esforzarse más en el proceso.

Actividad 2:

¡Somos compositores!: En este caso, agrupados en pequeño grupo por parejas, les daremos fragmentos de una canción o de varias dependiendo del nivel del grupo-clase. Para comenzar, deben ordenar esos fragmentos de manera correcta, una vez ordenados deberán cambiar el fragmento que ellos prefieran y crear una mini-canción. Deberán tener en cuenta la rima, el ritmo... En cuanto a componer ese propio fragmento, se les puede guiar y dar una temática (entorno escolar, las emociones, la naturaleza...) y los/las alumnos/as a través de ella realizan sus composiciones, o podemos darle la libertad de que ellos/ellas pienses la temática que prefieran.

Habilidades que
se desarrollan:

Las cuatro habilidades
lingüísticas

Etapa a la que
va dirigido:

Educación Primaria.

Se trata de convertir la clase en un verdadero rodaje. Dividiremos la clase en varios grupos, en cada grupo cada alumno/a tendrá un rol diferente (por ejemplo: el/la director/a, el/la redactor/a, el/la actor/actriz principal, el/la encargado/a de vestuario...). Siempre se trabajará en grupo, por tanto, las decisiones las deben consensuar entre todos/as los integrantes.

Deberán realizar varios retos, el primero será elegir el papel que cada uno/a tendrá en el grupo, para ello tendrán que realizar un pequeño debate y ver qué persona es la más indicada para cada rol teniendo en cuenta sus características. Una vez superado este reto, el siguiente es elegir el tema de la escena a representar, tras ello deberán redactar el guión y ensayar la representación en la que tendrán que participar todos/as.

Habilidades que se desarrollan:

Las cuatro habilidades lingüísticas.

Etapa a la que va dirigida:

Educación Primaria y Educación Secundaria.

EL DADO PREGUNTÓN

Para esta actividad se aconseja utilizar un dado borrable, en el caso de no disponer de él se puede imprimir el dado. En cada cara del dado, se escribirá una pregunta diferente a la que los/las alumnos/as deberán responder de manera oral o escrita.

Se puede realizar este juego con una variante, si las preguntas están relacionadas con los gustos y preferencias, cada alumno/a escribe su respuesta, tras ello se remueven todas las respuestas y se coge una al azar, la cual debe ser adivinada por los/las compañeros/as. Con esta actividad podemos observar cuanto se conoce nuestra clase.

Habilidades que se desarrollan:

Expresión oral y expresión escrita.

43

TABLERO CHARLATÁN

¿Cuál es tu comida favorita?	Cuenta cuales son tus hobbies	¿Cuál es tu serie o película favorita?	De mayor quiero ser...	¿Dónde te gustaría viajar?	Mi asignatura favorita es...	Si me pudiera convertir en alguien, sería...

¿Cuál es tu canción favorita?

Describe tu casa

Cuenta tu mayor deseo

TABLERO CHARLATÁN

@fle_coucou

Indica tu época del año preferida

Si pudieras inventar algo sería...

¿Qué super poder te gustaría tener?

| ¿Cuál es tu animal favorito? | ¿Cuál es tu superhéroe favorito? | SALIDA | | FIN | ¿Cuál es tu color favorito? | ¿Cuál es tu plan favorito? |

Con este tablero descargable e imprimible se pretende que los alumnos/as a través de juego desarrollen su expresión oral de una manera lúdica. El material necesario para este juego es el tablero, un dado y una ficha por cada jugador para ir moviéndose por las casillas.

Habilidades que se desarrollan:

Expresión oral y comprensión oral.

Etapa a la que va dirigida:

Educación Primaria y Educación Secundaria.

LA RULETA DE LOS CUENTOS

Con esta ruleta los alumnos deberán probar suerte y escribir o contar una historia en función del ítem que le haya tocado al girar la ruleta. La ruleta es borrable ya que se puede plastificar y de esta manera se puede reutilizar y podemos ir variando los ítems de los cuentos dependiendo de la época del año, las efemérides... Por ejemplo, se podría realizar una ruleta que estuviera relacionado con la navidad y poner en cada casilla de la ruleta un contexto, un personaje y un suceso y cada alumno/a realizará su cuento siguiendo las características que les hayan tocado.

Esta actividad se puede adaptar a varios niveles y se puede llevar a cabo de manera oral o escrita, dependiendo la habilidad que queramos trabajar e incluso se puede realizar de ambas maneras.

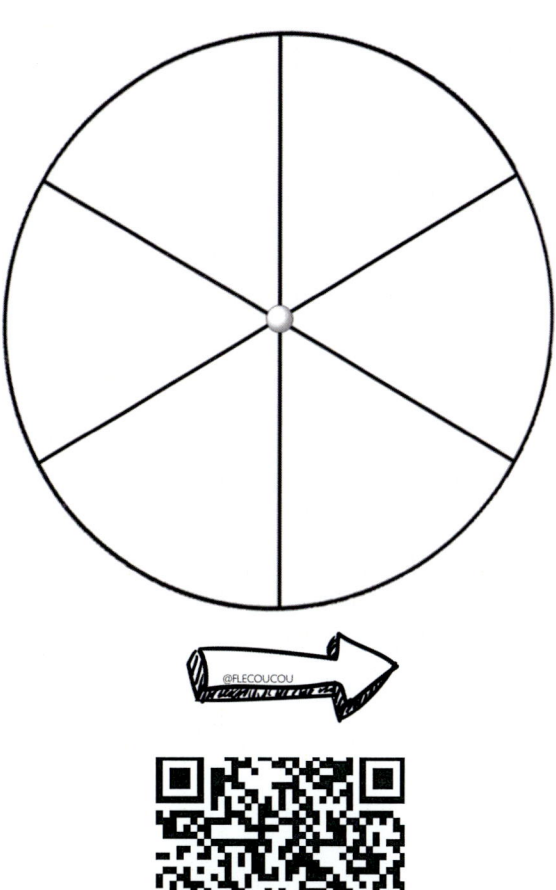

RULETA BORRABLE

@FLECOUCOU

CONJUGA-ME

Para poner en práctica este juego necesitarás descargar el material e imprimirlo. El juego consta de dos tableros, uno con verbos ya elegidos y otro en blanco para que tú mismo puedas elegir los verbos que prefieras y de 4 dados que se dividen en modos verbales y uno de ellos en blanco para que puedas personalizarlo. El juego se puede llevar a cabo en parejas o pequeño grupo. Por grupo o pareja habrá un tablero en el que cada jugador elegirá un color y deberá ir coloreando la casilla de los verbos que vaya conjugando correctamente. Gana el jugador que más verbos conjugue de manera correcta. Se puede llevar a cabo de manera oral o escrita.

Habilidades que se desarrollan:

Expresión oral, expresión escrita y comprensión oral.

Edad a la que va dirigida:

Educación Primaria y Educación Secundaria.

CONJUGA-ME

@FLE_COUCOU

COMER	ANDAR	REIR	SER	ESTAR	CRUJIR	LEER
SALTAR	BEBER	SENTIR	APRENDER	BAILAR	VIVIR	CANTAR
SABER	HABLAR	CONOCER	DECIDIR	PENSAR	TRAER	INSISTIR
VER	DORMIR	VIAJAR	ENCENDER	IR	AMAR	ESCONDER
ESCRIBIR	CUIDAR	ROMPER	PEDIR	ENSEÑAR	SUSPENDER	ASISTIR
ESTUDIAR	HACER	DESTRUIR	JUGAR	PODER	DECIR	DIBUJAR
COSER	CONSTRUIR	PESCAR	COMPRENDER	ELEGIR	CAZAR	COGER
HUIR	ATENDER	UTILIZAR	RECOGER	INSISTIR	RESPETAR	ENLOQUECER

INDICATIVO

SUBJUNTIVO

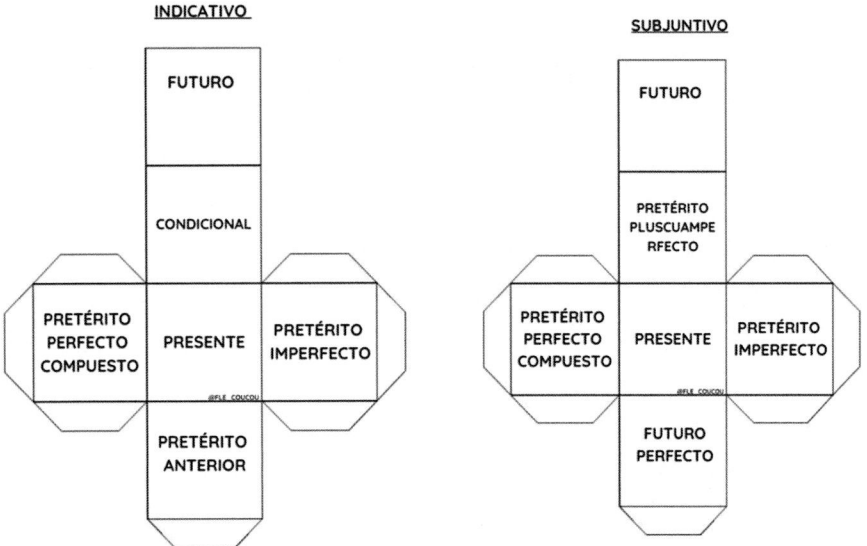

CUENTO EN CADENA

Con esta dinámica se favorece la creatividad y la imaginación, ya que el juego comienza con un pequeño fragmento pensado por el/la maestro/a y los/las alumnos/as deben continuarlo de manera coherente. Se puede llevar más allá y se puede escribir este libro y realizar actividades teniéndolo como eje principal. Por ejemplo crear una portada, representar las escenas, realizar un cuentacuentos con otros niveles...

Habilidades que se desarrollan:

Expresión oral y comprensión oral.

Etapa a la que va dirigida:

Educación Infantil, Educación Primaria y Educación Secundaria.

GLOBOS PREGUNTONES

Para llevar a cabo esta actividad el único material que necesitas es un globo y un rotulador para escribir en el. El docente debe escribir en un globo varias preguntas que quiera hacerle a su alumnado. Una vez escritas se lanzará el globo y el/la alumno/a que lo coja deberá de manera oral o escrita responder a esa pregunta. Las preguntas pueden ser de repaso de algún contenido en concreto o pueden ser de su vida personal y su entorno.

Habilidades que se desarrollan:

Expresión oral y expresión escrita.

Etapa a la que va dirigida:

Educación Infantil, Educación Primaria y Educación Secundaria.

En esta actividad hay varios teléfonos móviles, cada uno de ellos tiene una orden para que el/la alumno/a realice de manera oral o escrita. Por ejemplo, describe tu habitación, escribe un diálogo entre amigos.... Para jugar solo tienes que descargar el archivo e imprimir-lo. Cada alumno/a cogerá un móvil al azar, una vez que el alumno realiza la tarea que indica el móvil puede coger otro. Se puede realizar a modo de concurso y que gane el/la alumno/a que antes haya realizado las órdenes de todos los móviles.

Habilidades que se desarrollan:

Todas las habilidades lingüísticas.

Etapa a la que va dirigida:

Educación Primaria y Educación Secundaria.

¿QUÉ HAY EN MI MÓVIL?

Escribe un diálogo

En el que se debate cual es la mejor comida

Describe

La vestimenta de la persona que prefieras

Crea

Unas instrucciones en las que se indique como se juega al pilla pilla

...e un ...go

Describe

Como sería el colegio si tu pudieras crearlo

Crea

Un mini cuento con el que se quiera mostrar el valor de la amistad

Escribe un diálogo

En el que se debate cual es la mejor comida

Describe

La vestimenta de la persona que prefieras

Crea

Unas instrucciones en las que se indique como se juega al pilla pilla

Escribe un diálogo

En el que una familia está planeando un viaje

Describe

Como sería el colegio si tu pudieras crearlo

Crea

Un mini cuento con el que se quiera mostrar el valor de la amistad

BATALLA DE POPOTES

Para llevar a cabo este juego se necesita papel de colores, pajitas y algún tipo de recipiente pequeño (cuenco, caja de cartón pequeña, mini cenicero de papel...). En primer lugar, haremos cuadrados pequeños con los papeles de colores, habrá tantos colores como jugadores. En esos cuadrados escribiremos diferentes órdenes. Los papeles se esparcirán en medio de la mesa y los jugadores se ubicaran cada uno en un lado de la mesa, más o menos a la misma distancia de los papeles de colores. Cada jugador tendrá una pajita, con ella, absorbiendo, deberá cazar el mayor número de papeles de su color y dejarlos dentro del recipiente. Cuando acabe el tiempo establecido es la hora de contar los papeles conseguidos por cada jugador, el que mayor número de papeles haya tenido es el que más probabilidad tiene de ganar puntos, ya que por cada palabra u orden acertada irá consiguiendo puntos. Algunos ejemplos de órdenes que se puede poner en los papeles son: Escribe una oración con vaca y baca, escribe 3 palabras agudas y 5 esdrújulas, define con tus palabras la palabra lápiz.

La dificultad del juego puede variar dependiendo de la etapa en la que nos encontremos. Por ejemplo, en los cursos inferiores se pueden indicar órdenes más sencillas como: lee esta frase con voz de robot, dibujar lo que indique el papel de color (dibuja una flor de color verde y roja... En cuanto a los cursos superiores, se pueden repasar contenidos vistos en clase relacionados con la ortografía, gramática...

Habilidades que se trabajan:

Todas las habilidades lingüísticas.

Etapa a la que va dirigida:

Educación Infantil, Educación Primaria y Educación Secundaria.

53

A CUATRO COLORES

Utilizando como base el juego de "Twister" vamos a trabajar las diferentes habilidades lingüísticas. En el juego hay cuatro colores, por tanto, cada color será una habilidad lingüística. Si lo que queremos es desarrollar la expresión oral, en las casillas del color rojo, por ejemplo, pondremos diferentes comandos que inciten a que el/la alumno/a se exprese (cuéntame cuál es tu plan preferido, la comida que odias, describe un paisaje...). Al igual ocurre con los otros colores, deberemos tener diferentes pruebas para que se desarrollen estas habilidades. Cada vez que el/la alumno/a supere la prueba de un color, conseguirá una ficha del color correspondiente. Gana el/la jugador/a que antes consiga completar los colores, es decir, las habilidades lingüísticas.

En el caso de no tener el juego "Twister" se puede simular el tablero con cartulinas de colores recortadas en forma de circulo y pegadas al suelo y en lugar de una ruleta se puede utilizar un dado en el que cada cara corresponderá a un color.

Habilidades que se desarrollan:

Las cuatro habilidades básicas.

Etapa a la que va dirigida:

Educación Primaria y Educación Infantil.

CONSTRUYENDO FRASES

El material necesario para esta actividad será unos bloques de construcción de juguete. En cada bloque pondremos diferentes palabras que nos permitirán formar frases. Una vez realizado este paso, es la hora de revolver todas las piezas y que los alumnos o bien en gran grupos, pequeño grupo o por parejas comiencen a crear frases uniendo las diferentes palabras de los piezas. Podemos trabajar las frases de manera oral o de manera escrita.

Habilidades que se desarrollan:

Todas las habilidades lingüísticas.

Etapa a la que va dirigida:

Educación Primaria y Educación Secundaria.

EL VIAJE

El profesor describe una situación en el lugar donde prefiera dando muchos detalles y los alumnos con los ojos cerrados lo imaginan, tras ello pueden dibujarlo y describirlo con sus palabras e incluso ser ellos los narradores del lugar y sus compañeros lo imaginan. Por ejemplo:

Nos montamos en el avión, abrochamos cinturones y ponemos rumbo a una isla desierta. Al bajar del avión lo primero que vemos son muchas palmeras y una casa abandonada, andamos un poco y nos encontramos con muchos animales como un cangrejo, una higuana...

COMO APRENDER A DESENVOLVERSE EN CLASE DE LENGUA EXTRANJERA

El proceso de enseñanza de una lengua extranjera en el aula puede presentar desafíos, pero con un enfoque adecuado, puede ser una experiencia enriquecedora tanto para los estudiantes como para nosotros, los maestros. A continuación, comparto algunas ideas clave que pueden ayudarnos a desenvolvernos mejor en nuestras clases de lengua extranjera y maximizar el aprendizaje de nuestros estudiantes:

de utilizar la lengua materna para aclarar conceptos difíciles, hacer que los alumnos piensen y se comuniquen en la lengua extranjera, incluso si cometen errores, es clave para su progreso. Para ello nos podemos ayudar del lenguaje no verbal, flash cards, dibujos, pictogramas, onomatopeyas, etc. para que la comprensión en lengua extranjera sea más llevadera para el alumnado.

1. Fomentar la inmersión lingüística

Uno de los objetivos fundamentales en una clase de lengua extranjera es crear un ambiente en el que los estudiantes estén en constante contacto con el idioma. Esto implica utilizar la lengua extranjera que se quiere enseñar y aprender en la mayor parte de la clase, desde dar instrucciones hasta actividades cotidianas. Normalmente se cae en el error

2. Crear un ambiente adecuado.

El aprendizaje de una nueva lengua puede ser intimidante, por lo que es esencial generar un ambiente de confianza donde los estudiantes se sientan cómodos al intentar expresarse. Elogiar los intentos, corregir errores de manera constructiva y mostrar paciencia son elementos clave para aumentar la confianza. El error debe verse como parte natural del aprendizaje, y no como un fracaso. Este enfoque contribuye a la creación de una clase donde los estudiantes participan activamente sin miedo a equivocarse. Normalmente los alumnos/as están aterrorizados por hablar delante de toda la clase y en cierto modo es normal, ya que no controlan por completo la lengua extranjera e incluso en ocasiones no tienen el conocimiento necesario para realizar estructuras y expresar lo que ellos/as desean. Nosotros como docentes debemos darles las herramientas necesarias para que sean capaces de aprender estructuras, modificarlas y adaptarlas a cada tipo de situación.

3. Uso de métodos comunicativos y prácticos

El objetivo final de aprender una lengua es poder usarla para comunicarse en situaciones reales.

Por esta razón, es importante que las actividades de clase incluyan tareas que simulen contextos de la vida cotidiana. Role-plays, debates, entrevistas y simulaciones son excelentes herramientas para que los alumnos practiquen el idioma en un entorno significativo. Al vincular el aprendizaje con situaciones prácticas, se hace más relevante y memorable para los estudiantes y al ver que pueden utilizarlo en situaciones reales aumentará su interés por aprender.

4. Incorporar recursos visuales, auditivos y tecnológicos

En una clase de lengua extranjera, la diversidad de materiales puede enriquecer la experiencia de aprendizaje. Videos, audios, imágenes y aplicaciones interactivas ayudan a que los estudiantes capten mejor los matices del idioma. Las herramientas tecnológicas, como plataformas de aprendizaje en línea, pueden ofrecer una mayor exposición al idioma y recursos adicionales que refuercen el contenido visto en clase. En mi opinión un uso de material llamativo y atractivo es el 70% del éxito de la clase. Los estudiantes están aburridos de los materiales que se han utilizado a lo largo de toda su vida académica como son el libro el cuaderno y la pizarra. Debemos hacerles participes de una educación asociada a las nuevas tecnologías y a las aplicaciones que ellos tienen y utilizan en su vida personal, fuera del contexto escolar. Por otra parte, se pueden seguir utilizando materiales en formato papel, pero siempre haciéndolos atractivos y personalizándolos según sus intereses. Personalmente, mi primer tarea cuando conozco una clase nueva es conocer sus gustos y a partir de ahí creo los materiales adaptados a ellos. Por ejemplo, si en una clase me han mostrado interés hacia Harry Potter, intento adaptar todos los contenidos con esa temática, ya que así los alumnos se sienten atraídos por las actividades y dinámicas y están más predispuestos al aprendizaje.

5. Fomentar la colaboración y el trabajo en grupo y por parejas.

El trabajo en grupo o en parejas es una estrategia efectiva para el aprendizaje de lenguas extranjeras. Al interactuar entre ellos, los estudiantes no solo practican el idioma, sino que también desarrollan habilidades sociales y de cooperación. Actividades como discusiones guiadas, proyectos colaborativos y juegos de roles promueven la interacción constante y ayudan a los estudiantes a adquirir el idioma de forma más natural. Al realizar las actividades de manera grupal o por parejas los alumnos/as suelen dejar atrás la timidez, ya que se sienten más cómodos hablando con sus iguales y sienten que el otro/a también comete errores.

6. Adaptar el contenido al nivel y los intereses de los estudiantes

Es importante que los contenidos que se enseñan sean relevantes para los estudiantes y estén relacionados con sus intereses. Incluir contenidos culturales relacionados con la lengua extranjera, como canciones, costumbres y aspectos históricos, puede aumentar la motivación y hacer que los estudiantes se sientan más conectados con el idioma. Aprender una lengua extranjera es conocer su cultura, ya que lengua y cultura van unidas. Debemos, siempre que sea posible, conectar la cultura de la lengua materna con la cultura de la lengua extranjera y así comparar costumbres, tal como indica el Marco Común de Referencia Europeo de las Lenguas Extranjeras (MCER). El contenido del que partimos debe estar adaptado a los diferentes niveles que podemos encontrar en una clase, por ello debemos primero a través de la evaluación inicial, tal como marca el marco legislativo, conocer el nivel de nuestro alumnado y a partir de ahí comenzar la aventura de la enseñanza.

7. Evaluación continua y retroalimentación constructiva

Es fundamental llevar un seguimiento constante del progreso de los estudiantes, tanto de manera formal como informal. Las evaluaciones no deben limitarse solo a exámenes tradicionales, sino incluir evaluaciones orales, trabajos escritos y autoevaluaciones que permitan a los estudiantes reflexionar sobre su propio aprendizaje. La retroalimentación debe ser específica y orientada a mejorar, de modo que los estudiantes sepan qué están haciendo bien y en qué aspectos pueden trabajar más. La observación directa y el trabajo y la participación diaria juegan un papel principal en el ámbito de la enseñanza-aprendizaje de una lengua extranjera.

Por tanto, como maestros, nuestro papel es guiar y motivar a nuestros estudiantes en su viaje de aprendizaje de una lengua extranjera. Adoptar un enfoque comunicativo, integrando la lengua meta en todas las actividades, fomentando la confianza y utilizando diversos recursos y estrategias, nos permitirá ayudar a nuestros estudiantes a desarrollar sus habilidades lingüísticas de manera efectiva y disfrutar del proceso de aprendizaje.

Sigamos innovando y adaptando nuestras estrategias para que cada clase de lengua extranjera sea una oportunidad de crecimiento, tanto para nuestros alumnos como para nosotros.

RECURSOS PARA DESARROLLAR LAS HABILIDADES LINGÜÍSTICAS EN LENGUAS EXTRANJERAS

RAYUELA DE VERBOS

En el suelo se dibujará una rayuela, dentro de ella se escribirán diferentes los diferentes verbos que tengamos el objetivo de trabajar. El/la alumno/a jugará como en el juego original y cuando se encuentre en la casilla que le haya tocado deberá decir o escribir una frase utilizando ese verbo y utilizando palabras previamente conocidas.

Habilidades que se desarrollan:

Expresión oral y expresión escrita.

Etapa a la que va dirigida:

Educación Primaria y Educación Secundaria.

MONSTRUNOMBRE

Esta actividad es una actividad comodín que podrás realizar el cualquier momento del curso, en este caso, yo la incluyo en mis recursos de lenguas extranjeras, pero podría utilizarse también en lengua castellana. El único material que se necesita es un folio en blanco que deberán doblar por la mitad y escribir su nombre en grande en él. Una vez escrito el nombre hay que recortar siguiendo la forma del nombre, al desdoblar el folio nos quedará una forma, a través de la cual los alumnos/as deberán crear sus propios monstruos. Cada monstruo será diferente ya que cada alumno/a tiene una letra y un nombre diferente. Seguidamente deberán colorear y decorar su creación.

Una vez terminado el monstruo podemos realizar varias actividades:

Actividad 1:

Descripción del monstruo de manera oral, de esta manera se repasan los colores, los números, las partes de cuerpo, los gustos y preferencias...

Actividad 2:

Descripción del monstruo de manera escrita.

Actividad 3:

Se enumeran los monstruos que estarán visibles en algún lugar y el docente de manera oral realiza las descripciones, los alumnos/as deben adivinar el monstruo que se está describiendo

Habilidades que se desarrollan:

Las cuatro habilidades lingüísticas

Etapa a la que va dirigida:

Educación Infantil, Educación Primaria y Educación Secundaria

ASAMBLEA INDIVIDUAL

Se trata de una mini asamblea que cada alumno/a tendrá para repasar diariamente los días de la semana, los meses del año, las estaciones del año, los números y las emociones.

En primer lugar, deberán decorar la asamblea y, una vez decorada, se plastificará para que sea modificable por el alumnado y que cada día pueda rodear y tachar con rotulador que no sea permanente. De esta manera, se desarrollará la expresión oral al realizar la asamblea y también la expresión escrita al escribir la fecha. Sin olvidar la comprensión oral, ya que deben realizarse diferentes preguntas para ir obteniendo los datos de la asamblea. Puedes descargarla tanto el castellano como en lenguas extranjeras (inglés y francés)

Habilidades que se desarrollan:

Las cuatro habilidades lingüísticas

Etapa a la que va dirigida:

Educación Primaria y Educación Secundaria.

69

COMECOCOS REPASA VERBOS

Este recurso permite afianzar los conocimientos ya adquiridos. Personalmente suelo utilizarlo cuando los/las alumnos/as ya conocen los tiempos verbales que tengo como objetivo que adquieran. Deben formar el comecocos y por parejas jugar poniendo en práctica el verbo o el contenido en cuestión. Esta plantilla está relacionada con los verbos ser y estar en inglés y en francés.

Lo primero que deben hacer es colorear y formar el comecocos. Una vez montado se agrupan por parejas y deben ir rellenando los huecos en blanco. Esta sería la primera etapa del juego, ya que este juego se puede ampliar si la etapa lo requiere. Como juego de ampliación se puede pedir a los alumnos/as que creen frases con esas estructuras de manera autónoma o dándole nosotros/as palabras y estructuras que nos interesen que aprendan.

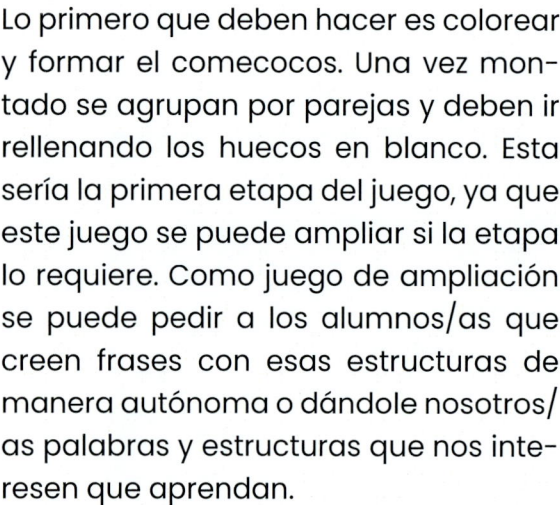

Habilidades que
se desarrollan:

Todas las habilidades lingüísticas.

Etapa a la que
va dirigida:

Educación Primaria
y Educación Secundaria.

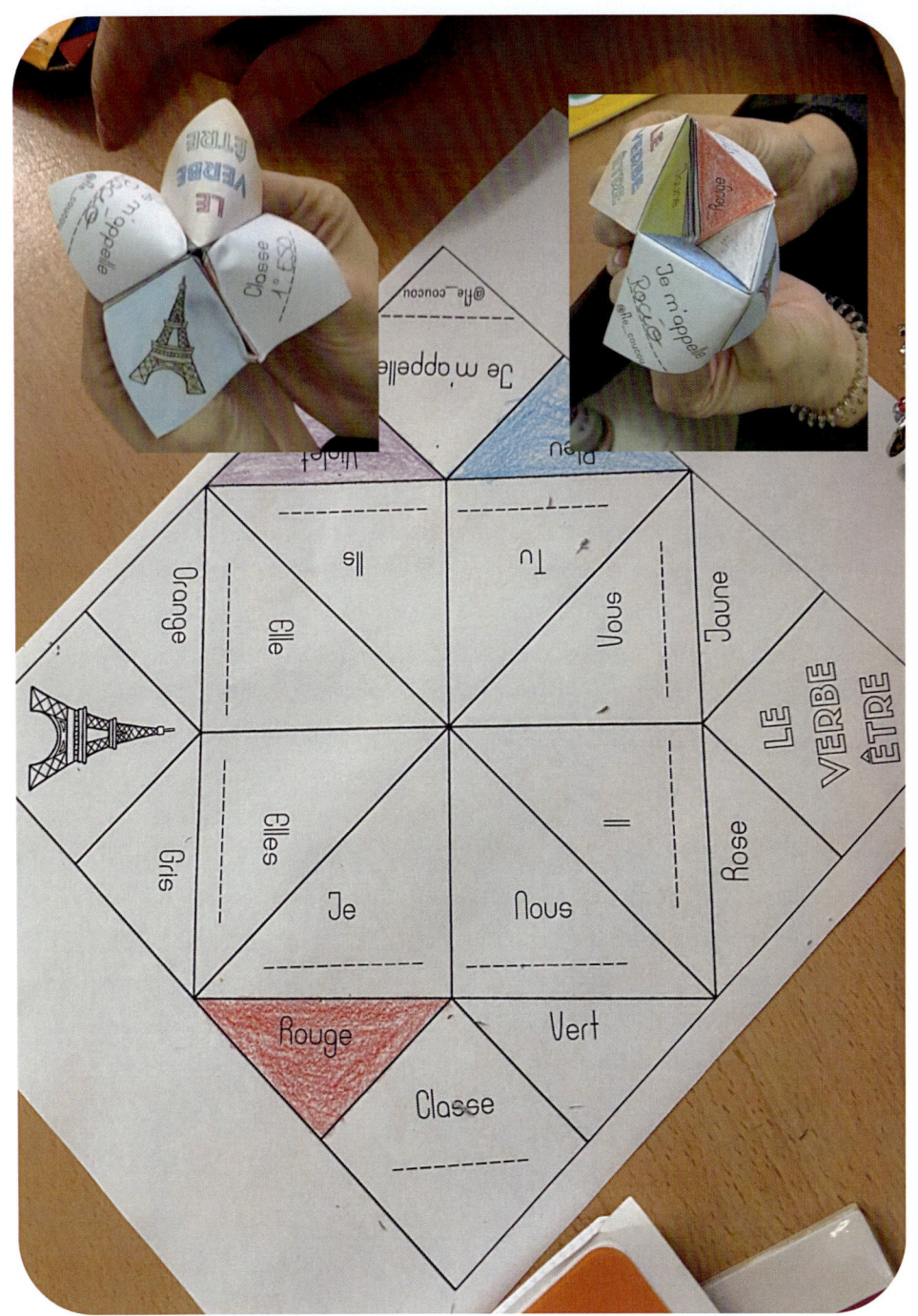

CREADORES DE MONSTRUOS

En este recurso tendremos que utilizar las plantillas de los dados con los números, el tablero y además la plantilla de escritura. Por un lado, se encuentra en cada dado diferentes números, los/las alumnos/as deben lanzar el dado e ir creando su monstruo siguiendo las indicaciones de la plantilla del tablero. Deberán dibujar el monstruo y posteriormente deberán describirlo de manera escrita. Una vez llegado a este punto, se pueden llevar a cabo diferentes juegos.

Juego 1:

Monstruos de clase: Con esta actividad intentaremos dibujar el monstruo del compañero. El/la alumno/a de manera oral describirá su monstruo con o sin ayuda del soporte escrito dependiendo de la etapa en la que nos encontremos, mientras los oyentes deben ir dibujando dicho monstruo en un folio en blan-co. Ganará el/la alumno/a que dibuje el monstruo más parecido al original.

Juego 2:

Necesitamos escanear y mostrar al grupo/clase el resultado final de los monstruos. Una vez mostrados y quedando a la vista de toda la clase, deben jugar por parejas. Cada uno/a con su monstruo ya formado podrá jugar a adivina mi monstruo. Esto consiste en que cada uno realizará preguntas para conocer el aspecto del monstruo del compañero y gana la persona que adivine antes el monstruo de su contrincante.

MONSTER CREATORS

CRÉATEURS DE MONSTRES

CREADORES DE MONSTRUOS

TIRA EL DADO Y DISEÑA TU MONSTRUO SIGUIENDO LAS CARACTERÍSTICAS QUE TE TOQUEN

DÉCRIRE LE

DESCRIBE TU MOSNTRUO

Esta actividad está diseñada para que los/las alumnos/as se sientan protagonistas de su aprendizaje y además aprendan el idioma de manera autónoma. Para la realización de los carteles de clase los alumnos se pondrán por parejas, necesitarán un dispositivo electrónico y Canva. En primer lugar, se realizará una lluvia de ideas para pensar entre todos/as los carteles que queremos crear. Deben indicar órdenes como: rodear, cortar, encender, apagar, escribir, leer... Es decir, órdenes que se pueden dar en clase en nuestro día a día, además de frases comodín como: ¿Puedo ir al baño? ¿Puedes repetir? Una vez consensuadas estas órdenes, es la hora de ponerse por parejas y crear el cartel que se les haya asignado a través de la aplicación indicada anteriormente. Por último, el docente debe corregir que no haya ningún error y si todo está correcto se imprimirán esos carteles y se pondrán en clase. De esta manera, los tendrán a la vista en su día a día y podrán hacer uso de ellos para ayudar a la expresión y la comprensión en lengua extranjera.

Habilidades que se desarrollan:

Las cuatro habilidades lingüísticas.

Etapa a la que va dirigida:

Educación Primaria y Educación Secundaria.

Para realizar esta actividad tendrás que imprimir el recurso descargable. (QR19) Una vez impreso (se recomienda imprimir en A3 la lavadora) los alumnos/as deberán escribir palabras en las prendas de ropa que recuerden, ya adquiridas en la lengua extranjera en cuestión. Estas palabras se pegarán alrededor de la lavadora y cada alumno/a deberá coger varias prendas de ropa para tener su propia colada, o lo que es lo mismo sus propias palabras. Con ellas deberán realizar una frase utilizando estructura ya adquiridas. Además se pueden leer en voz alta en clase y los/las compañeros/as pueden utilizar esas palabras y realizar nuevas oraciones. También se puede jugar al juego de describir la palabra y los demás deben adivinarla. Por ejemplo si me ha tocado la palabra elefante, el/la alumno/a deberá describirlo y los demás deben adivinar de que se trata. La persona que lo adivine será la siguiente en describir.

Habilidades que se desarrollan:

Las cuatro habilidades lingüísticas.

Etapa a la que va dirigida:

Educación Primaria y Educación Secundaria.

PEGATI-CUENTO

En esta ocasión los/las alumnos/as deberán crear una historia teniendo en cuenta unas pegatinas que el docente les habrá entregado o habrán cogido al azar. Estas pegatinas se pueden conseguir en cualquier bazar o por internet a través de diferentes webs, en mi caso suelo utilizar la plataforma de Shein o Temu para pedir este tipo de packs de pegatinas. Una vez observadas las pegatinas, deberán crear su propia historia teniendo en cuenta esos personajes, lugares, objetos... Esta actividad es muy divertida, ya que en la mayoría de las ocasiones las pegatinas no tienen mucho sentido y salen historias muy raras. ¡Les encanta que las leamos en voz alta!

Como una actividad complementaria a esta en ocasiones realizo un concurso de cuentos, en el que ellos y ellas mismos/as votan en una tabla que establece diferentes ítems y con sus votaciones salen 3 ganadores, los que tengan mayor puntuación.

Habilidades que se desarrollan:

Todas las habilidades lingüísticas

Etapa a la que va dirigida:

Educación Primaria y Educación Secundaria.

EL AHORCADO

Se trata del tradicional juego adaptarlo al idioma y a la habilidad que queremos desarrollar. Personalmente lo utilizo para reforzar los aprendizajes ya adquiridos. El juego comienza poniendo tantas líneas como letras tenga la palabra elegida para ser adivinada. La palabra elegida girará en torno al léxico que se quiera reforzar o repasar. Una vez realizado este paso, es el paso de que los/las alumnos/as se expresen en la lengua extranjera deseada y acierten la palabra, una vez acertada el juego se puede seguir de dos maneras: una primera forma sería hablando o creando frases en las que esa palabra fuera nombrada o escribiendo dichas frases. Además se puede realizar en modo concurso con varios equipos y así la motivación aumentará.

Habilidades que
se desarrollan:

Expresión escrita y expresión oral.

Etapa a la que
va dirigida:

Educación Primaria y Educación
Secundaria.

PREGUNTAS FRITAS

Tomando como formato diferentes cartuchos de patatas fritas (uno por cada habilidad lingüística), en cada cartucho habrá diferentes patatas y en cada una de ellas habrá una orden diferente dependiendo de la habilidad que queramos trabajar. Lo único que necesitas es imprimir este recurso y plastificarlo. De esta manera, las patatas serán borrables y podrás cambiar los ítems siempre que quieras y adaptarlo al nivel que prefieras.

Habilidades que
se trabajan:

las cuatro habilidades
lingüísticas.

Etapa a la que
va dirigida:

Educación Infantil, Educación Primaria y Educación Secundaria.

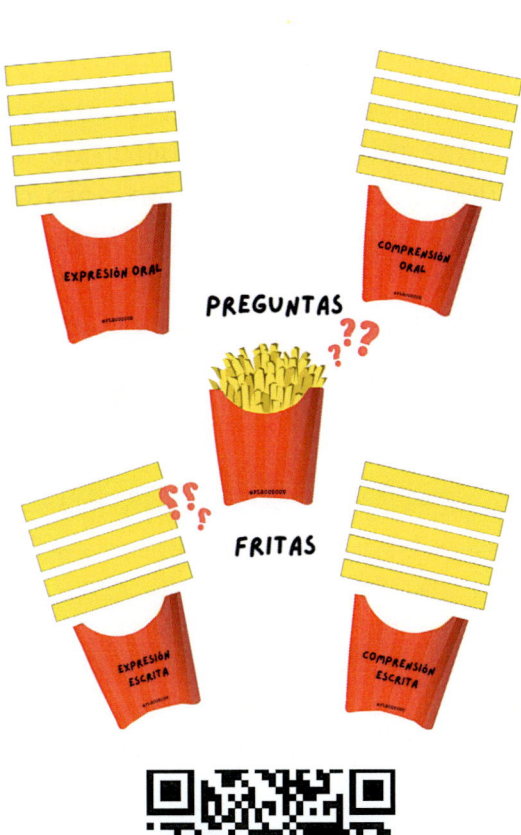

LOS SOBRES SORPRESA

Para llevar a cabo esta actividad necesitarás unos sobres del tamaño que prefieras, dentro de ellos podremos diferentes misiones que queramos que los/las alumnos/as realicen para desarrollar las diferentes habilidades lingüísticas. Los participantes deberán coger un sobre al azar y abrirlo, tras ello deben realizar la misión que le haya tocado. Una vez realizada correctamente, se volverá a meter la misión en el sobre y así podrá ser realizada por otro/a compañero/a. Este juego admite que vayamos otorgando puntos a los/las alumnos/as y de esta maneta aumente su motivación.

Habilidades que
se desarrollan:

Las cuatro habilidades
lingüísticas.

Etapa a la que
va dirigida:

Educación Primaria
y Educación Secundaria.

ARENA MÁGICA

Utilizando arena mágica o arena normal, los alumnos por parejas deben jugar al juego de adivina mi dibujo. Un miembro de la pareja será el que dibuje y otro el que acierte el dibujo. Por ejemplo, si queremos que trabajen el léxico de las prendas de ropa, deberán dibujar una camiseta y el contrincante deberá decir o escribir esa palabra en la lengua extranjera deseada, cada acierto es un punto al jugador.

Habilidades que se desarrollan:

Expresión oral y expresión escrita.

Etapa a la que va dirigida:

Educación Infantil y Educación Primaria.

CREA TU PIZZA

Para realizar esta actividad necesitarás imprimir el recurso fotocopiable que tienes en el código QR. (QR 17) Se debe imprimir 1 recurso por alumno/a o si lo prefieres puedes imprimirlo para que jueguen por parejas. En cuanto al juego, tiene varias modalidades. (FOTO 20)

Juego 1:

El profesor va diciendo los ingredientes que quiere en su pizza y los/las alumnos/as los van dibujando. Posteriormente, se puede describir la pizza creada de manera escrita.

Juego 2:

El docente les entrega un documento escrito en el que hay varias recetas de pizzas y los/las alumnos/as deben crearlas. Posteriormente, se puede practicar la expresión oral describiendo oralmente la pizza creada.

Juego 3:

Por parejas, un miembro de la pareja debe escribir una receta inventada y el otro jugador debe crearla. Además también se puede hacer de manera oral.

Juego 4:

Adivina mi pizza: En esta modalidad de juego los/as dos jugadores/as tienen su pizza ya creada y ahora deben adivinar la pizza del compañero/a preguntando: ¿Tiene tu pizza tomate? A lo que el compañero debe responder: Sí o no. Y de esta manera irán adivinando los ingredientes elegidos por su contrincante. Gana el jugador que antes adivine por completo todos los ingredientes de la pizza del oponente.

CREA TU PIZZA

@FLECOUCOU

Habilidades que se desarrollan:

Las cuatro habilidades lingüísticas.

Etapa a la que va dirigida:

Educación Primaria y Educación Secundaria.

BOMBILLAS PREGUNTONAS

Habrá tantas bombillas como partícu-las interrogativas queramos trabajar. Por ejemplo en el caso de inglés po-demos utilizar: Who? Where? Why?.... y en francés: Pourquoi? Qui? Où? Cada alumno cogerá al azar una bombilla y deberá inventar de manera oral o es-crita una frase con esa partícula. Tras crearla debe elegir un/a compañero/a que la responda. Se deben hacer dife-rentes rondas para que cada alumno/a utilice diferentes partículas.

Habilidades que se desarrollan:

Las cuatro habilidades lingüísticas.

Etapa a la que va dirigida:

Educación Primaria y Educación Secundaria.

BOMBILLAS PREGUNTONAS

SOMOS DISEÑADORES

Utilizando la aplicación de Canva, los/las alumnos/as deben crear 2 personajes con diferentes prendas de ropa. Una vez creados deben describir que llevan puesto. Con esta actividad se pueden llevar a cabo varios juegos.

Juego 1:

Adivina mis modelos: Los personajes creados serán proyectados en la pizarra o expuestos en clase para que esté a la vista de todo el grupo. A continuación, el docente comenzará a leer las descripciones y los/las alumnos/as deberán adivinar de que modelo se trata.

Juego 2:

Por parejas deben adivinar la ropa que lleva puesta el modelo de su compañero/a. Gana el/la jugador/a que antes adivine la vestimenta del modelo de su contrincante.

AGENTES DE VIAJES

Se trata de que los/las alumnos/as se conviertan en agentes de viajes y su misión es crear un folleto en el que informen de todo lo que pueden descubrir si viajan a ese lugar. El docente debe organizar la clase como prefiera, de manera individual, por parejas o en pequeño grupo. Repartirá una ciudad a cada persona, pareja o grupo dependiendo de las agrupaciones que haya realizado. Lo ideal es que si estamos en lengua extranjera francés los lugares sean franceses para que los/las alumnos/as conozcan las costumbre y cosas típicas de ese lugar. Al igual pasaría con las demás lenguas, la idea es que se trabajen lugares que tengan relación con la lengua a enseñar. Una vez que los lugares están repartidos, con la aplicación de Canva deben crear un folleto de ese lugar indicando los monumentos, gastronomía, bandera... Una vez terminado el folleto se pueden realizar las exposiciones orales y que cada persona, pareja o grupo cuente a los compañeros todas las cosas que ha descubierto de ese lugar.

Habilidades que
se desarrollan:

Las cuatro habilidades
lingüísticas.

Etapa a la que
va dirigida:

Educación Primaria
y Educación Secundaria.

CALIGRAMAS

Los/as alumnos/as deberán leer una serie de palabras que tienen relación unas con otras. Esta lista de palabras debe ser creada por el docente. Por ejemplo, se puede crear una lista con nombres de animales, otra con las partes del cuerpo, otra con la comida... Una vez que cada alumno tiene su lista, debe realizar un caligrama basándose en las palabras, es decir, si me ha tocado la lista de animales, podría realizar mi caligrama con forma de un león, de un delfín, de una serpiente... es decir, utilizando la forma que quiera pero que esté relacionada con la lista de palabras. De igual manera, si me ha tocado la lista de la comida, podría realizar el caligrama con forma de tomate, de pizza, de pan...

Una variante podría ser que le diéramos una descripción en lugar de palabras sueltas y deberán realizar el caligrama basándose en esa descripción. Por ejemplo, si se describe a un perro deben escribir esa descripción en el caligrama pero dándole la forma de perro.

Habilidades que se desarrollan:

Expresión escrita y comprensión escrita.

Etapa a la que va dirigida:

Educación Primaria y Educación Secundaria.

El juego clásico del veo veo, adaptado a las lenguas extranjeras. Este juego está pensado para repasar y reforzar los conocimientos previamente conocidos. Se juega de igual manera que el juego tradicional, una persona piensa en la palabra mentalmente, indica la letra por la que comienza y los demás deben adivinarla. La persona que la adivine es la persona que debe seguir el juego pensando otra palabra.

Habilidades que se desarrollan:

Las cuatro habilidades lingüísticas.

Etapa a la que va dirigida:

Educación Primaria y Educación Secundaria.

VERDADERO O FALSO

Para empezar debes imprimir o crear tus propios carteles de verdadero y falso. Cada alumno debe tener un cartel a doble cara, por un lado sea verdadero y por otro falso. Con estos carteles se jugará y se pondrá a prueba la comprensión oral. Se leerá o se escuchará una frase o fragmento y según lo que piense cada uno/a deberá levantar el cartel en la posición correspondiente.

Habilidades que se desarrollan:

Comprensión oral.

Etapa a la que va dirigida:

Educación Primaria y Educación Secundaria.

Necesitarás una ruleta que puede ser comprada en IKEA o Temu. En cada uno de sus apartados debemos poner varias estructuras de expresar los gustos y preferencias. En el caso del inglés se podrían utilizar estructuras como: I hate...I dislike... I adore...I love...I really don't like... Y los/las alumnos/as deberán continuar esas estructuras indicando sus gustos. Se puede realizar de manera oral o escrita. Incluso se podría realizar una comprensión oral basándonos en los gustos y preferencias de los/las compañeros/as.

Habilidades que
se desarrollan:

Las cuatro habilidades
lingüísticas.

Etapa a la que
va dirigida:

Educación Primaria
y Educación Secundaria.

Cada alumno/a escribirá una palabra en un papel con el formato que el docente prefiera (en formas irregulares, formas simétricas, formas geométricas...). En esos papeles los/las alumnos/as escribirán su palabra favorita en la lengua extranjera que queramos explotar. Con todas las palabras se formará un mural creando una forma abstracta. De esta manera nos quedará un mural callejero formado por diferentes palabras en la lengua extranjera. Tras ello podremos leer todas las palabras y comprobar la comprensión del grupo-clase.

Habilidades que se desarrollan:

Expresión escrita y comprensión oral.

Etapa a la que va dirigida:

Educación Primaria y Educación Secundaria.

En primer lugar se debe descargar la plantilla y rellenar los huecos en blanco con los escenarios, personajes y hechos que queramos que los/las alumnos/as trabajen. Al ser una plantilla editable nos da libertad a que nos adaptemos al tema que deseemos. Por ejemplo podríamos utilizarla para trabajar el léxico de los animales, pero en otra situación, si queremos trabajar el léxico de las rutinas también sería posible dado que podéis imprimirla y escribir en los huecos lo que deseéis en ese momento. Una vez rellenada con los ítems que queremos que nuestro alumnado trabaje, solo hace falta un dado. Individualmente cada alumno/a debe lanzar el dado y apuntar los personajes, situaciones y escenarios que les hayan tocado y a partir de ahí deben crear su historia. Una vez creada se pueden rotar por la clase para que todos/as las lean de manera individual y también se podría hacer un cuenta-historias a nivel de clase

.

Habilidades que
se desarrollan:

Todas las habilidades
lingüísticas.

Etapa a la que
va dirigida:

Educación Primaria

y Educación Secundaria.

Es la hora de convertirse en arquitectos y crear una casa dibujando las diferentes estancias y objetos. Para ello necesitamos la plantilla descargable de la casa. Una vez impresa, el docente va a ir indicando de manera oral que elementos deben colocar en cada parte de la casa. Además del léxico de la casa, también se pone en práctica las preposiciones e incluso los colores y números. Por otra parte, este recurso también se puede utilizar dando las indicaciones de manera escrita y así desarrollará la comprensión escrita. Pero además hay otra modalidad de juego, en la que en niveles superiores, los alumnos agrupados por parejas, deberán darle las indicaciones al compañero y así trabajaran la expresión escrita.

Habilidades que se desarrollan:

Las cuatro habilidades lingüísticas.

Etapa a la que va dirigida:

Educación Primaria y Educación Secundaria.

EN MI MOCHILA

Para trabajar el léxico del material escolar los alumnos van a tener que dibujar en esta mochila descargable e imprimible. Debe recortarse y doblar por la mitad, de esta manera se abre y se cierra y dentro deben dibujar y escribir el léxico correspondiente al material escolar. Una vez dibujado deberán hacer una expresión escrita indicando lo que hay en su mochila. Además se puede jugar al juego de ¿Qué hay en la mochila de mi compañero/a? En este juego deben ir adivinando a través de preguntas que tiene un/a compañero/a en su mochila. Se puede realizar con diferentes agrupaciones dependiendo de la duración que queramos que tenga. Si queremos que la duración sea mayor los organizaremos por parejas, por el contrario, si queremos que el juego dure menos haremos el juego en gran grupo.

Habilidades que se desarrollan:

Las cuatro habilidades lingüísticas.

Etapa a la que va dirigida:

Educación Primaria y Educación Secundaria.

RECURSOS EFEMÉRIDES

LA CHANDELEUR

CONCURSO DE CREPES

Los alumnos deberán cocinar su propia crepe. Una vez traigan esa crepe a clase se realizará el concurso. Cada concursante debe realizar por escrito la receta y la descripción de su crepe para exponerla de manera oral al jurado. Se valorará tanto la presentación, como la receta y la expresión oral y escrita. Personalmente les doy a los/las alumnos/as esta plantilla para que la rellenen con todo el contenido necesario.

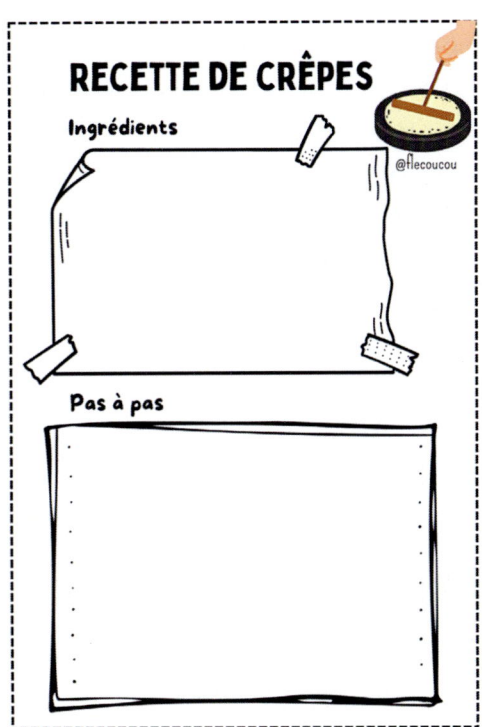

Etapa a la que va dirigida:

Educación Primaria y Educación Secundaria.

Habilidades que se desarrollan:

Expresión oral y expresión escrita.

COMPLETA LA CANCIÓN

En gran grupo deben escuchar una canción y rellenar los huecos con las palabras correspondientes. Le daremos a los/las alumnos/as la plantilla de la canción que elijamos, se puede adaptar a diferentes niveles. En el caso de los cursos inferiores, podemos ponerles las palabras que van es los huecos desordenadas o de manera que ellos rodeen y elijan entre varias opciones, mientras que en los cursos superiores deben rellenar la canción sin ningún tipo de ayuda. Una vez completada ¡Es la hora de convertirnos en cantantes!

Etapa a la que va dirigida:

Educación Primaria y Educación Secundaria.

Habilidades que se desarrollan:

Comprensión oral

y expresión escrita.

¡SOMOS COCINEROS!

En esta actividad podría estar implicado todo el centro, ya que los/las alumnos/as de los cursos superiores deben convertirse en cocineros y los/las alumnos/as de cursos inferiores serán los que acudan a un taller de cocina. Por un lado, el papel de los/las cocineros/as es crear una infografía a través de las nuevas tecnologías, utilizando la aplicación de Canva. En ella deben escribir en francés y en español la receta de los crepes. Una vez escrita se establecerá un día para la realización del taller de crepes y los cocineros con ayuda de profesores o tutores legales llevarán a cabo la receta en vivo, siendo el resto de los/las alumnos/as los espectadores. Los espectadores tendrán que rellenar una ficha que dependiendo del curso tendrá diferentes niveles en la que deberán completar diferentes ejercicios para verificar su comprensión. Y por supuesto, teniendo en cuenta los alérgenos del centro se procederá a la degustación de crepes.

Habilidades que se desarrollan:

Las cuatro habilidades lingüísticas.

Etapa a la que va dirigida:

Educación Infantil, Educación Primaria y Educación Secundaria.

LA POISSON D'AVRIL

Se trata de una festividad típica de Francia en la que se pueden llevar a cabo diferentes actividades:

¡PECES A LA ESPALDA!

Como marca la tradición francesa que se asemeja al día de los inocentes en España, es típico que se creen peces de diferentes formas y tamaños y se peguen en la espalda de algún/a compañero/a. Por ello deberán crear su propio pez, el cual podrán decorar de la manera que prefieran y antes de que acabe el día deben pegárselo a la espalda de alguien sin que se dé cuenta. Aquí adjunto una plantilla que yo utilizo en este día y les encanta.

CONOCEMOS LA CULTURA FRANCESA

Los/las alumnos/as en la mayoría de los casos desconocen esta tradición, por ello es importante que le mostremos esa parte cultural del idioma que están aprendiendo. Podemos llevarlo a cabo a través de videos de 1jour1question que podéis encontrar aquí y realizando una comprensión de ese video después de su visionado.

En este caso encontrarán varios fragmentos de la historia del origen de esta efeméride y por grupos deben ordenarla correctamente. Una vez ordenada deberán con iconos representarla en su cuaderno.

Habilidades que se desarrollan:

Expresión escrita, comprensión oral y escrita.

Etapa a la que va dirigida:

Educación Primaria y Educación Secundaria.

HALLOWEEN

Con esta festividad se pueden llevar a cabo diferentes actividades tanto en lengua extranjera inglés como en lengua extranjera francés.

Juego de cartas en las que se trabaja el vocabulario relacionado con Halloween. Cada jugador tendrá dos imágenes, una persona empezará el juego diciendo una de las imágenes que tenga en su carta, por ejemplo, si tiene una bruja dirá J'ai la sorcière... A continuación tendrá que pensar otra palabra que sea relacionada con la temática de Halloween, por ejemplo, le fantôme, y dirá: Qui a le fantôme? A lo que alguien responderá: J'ai le fantôme! Y deberá buscar otra palabra del vocabulario para encontrar a alguien que la tenga. El recurso está disponible en inglés, francés y español.

Este recurso es principalmente para practicar la expresión oral y la comprensión oral, pero también se pueden hacer juegos complementarios en los que se desarrollen las demás habilidades, por ejemplo, que escriban una frase con ese personaje que les ha tocado, que lo dibujen, que apunten los personajes que tienen los compañeros, etc.

Habilidades que se desarrollan:

Comprensión oral y expresión oral.

Etapa a la que va dirigida:

Educación Primaria y Educación Secundaria.

ADIVINA EL PERSONAJE

Los alumnos deberán pensar en un personaje relacionado con la temática de Halloween uno de ellos tendrá que dibujarlo, mientras el resto de clase debe adivinarlo utilizando la estructura en la lengua extranjera correspondiente.

Se puede realizar el mismo juego pero a través de la mímica, en este caso en lugar de dibujarlo tendrá que imitar a dicho personaje y el resto debe adivinarlo.

Un alumno tendrá en su cabeza colocado en un gorro especial para este juego una tarjeta con el personaje de Halloween que le haya tocado. La persona que tiene en la cabeza la tarjeta debe ir realizando preguntas con estructuras previamente trabajadas en clase. De esta manera irá conociendo características de dicho personaje y podrá adivinarlo.

En esta actividad los/las alumnos/as deberán escuchar diferentes sonidos relacionados con Halloween, por ejemplo, la risa de una bruja y deberán tachar en la ficha todos los que hayan identificado. Adaptándolo a un nivel superior, en lugar de tachar deberán escribir el nombre y crear una frase.

Habilidades que se trabajan:

Expresión oral y comprensión oral.

Etapa a la que va dirigida:

Educación Primaria y Educación Secundaria.

En esta actividad deberán ir completando la canción a trozos de Halloween, dependiendo del nivel podemos darle las palabras con las que deben completar o si son cursos superiores deberán escribir la palabra tan solo identificándola por su sonido. Una vez completada ¡Es la hora de cantar! En cursos inferiores podemos darles unos carteles con los diferentes personajes o situaciones que aparezcan en la canción y los/las alumnos/as deben levantar el cartel cada vez que escuchen la palabra.

Además se pueden llevar a cabo otras actividades y desarrollar otras habilidades lingüísticas, por ejemplo, dar la canción desordenada y antes de escucharla intentar ordenarla, luego comprobar si se ha ordenado correctamente. Por otro lado, se puede intentar dramatizar con gestos la canción comprendiendo así el significado de la letra.

Habilidades que se desarrollan:

Las cuatro habilidades lingüísticas.

Etapa a la que va dirigidoa:

Educación Infantil, Educación Primaria y Educación Secundaria

FANTASMAGÓRICOS

Con esta actividad se va a poner en práctica además de las habilidades lingüísticas su creatividad y su imaginación. Para ello van a crear unos fantasmas en los que deben escribir por la parte de atrás palabras o frases en el idioma extranjero que se pretenda desarrollar. Solo debes descargar la plantilla e imprimirla.

SAN VALENTÍN

EL GLOBO DEL AMOR

Para llevar a cabo esta actividad tan solo se necesitan globos y un rotulador. El objetivo es que los/las alumnos/as piensen una frase que quieran decirle a un/a compañero/a. Para que ningún alumno/a se quede sin mensaje se recomienda que asignemos a cada uno la persona a la que debe mandarle ese mensaje. De no ser así podríamos crear un rincón para que dejaran allí su globo con el mensaje ya escrito y cada alumno/a podría coger el que quisiera. Otra dinámica que se puede llevar a cabo sería que una vez escrito el mensaje, a la frase ¡Que vuele el amor! Los globos se lancen al aire y que al azar a cada niño/a le toque un globo del que deberá leer el mensaje que le ha tocado. Esta acción se puede realizar varias veces y así cada alumno/a leerá varios mensajes.

Dada la importancia que tiene la unión de la familia y la escuela se puede también realizar incluyendo a las familias, alumnos/as y todo el claustro ya que se puede organizar en el patio del colegio una quedada con las familias y realizarla de la misma manera. De no ser posible, otra variante puede ser que cada alumno/a escriba en su globo una frase para cualquier miembro de su familia y podrá entregárselo a la vuelta a casa.

EL MURO DE LOS MENSAJES BONITOS

Esta actividad se puede llevar a cabo tanto en casa como en clase. Se trata de que cada niño/a escriba un mensaje bonito en un mural, luego se pueden realizar diferentes actividades relacionadas con este muro. Por ejemplo, contestar unas preguntas como: ¿Cuál es el mensaje que más te ha gustado? ¿A quién le dedicarías ese mensaje? ¿Cuál es el que menos te ha gustado?... Por otro lado se podrían inventar una situación en la que varios mensajes aparecieran y luego representarla. Para los ciclos inferiores, se podrían realizar dibujos representando los mensajes que más les hayan gustado.

NAVIDAD

ÁRBOL COLABORATIVO

Cada alumno/a tiene un trozo de árbol en el que debe escribir un deseo de navidad. Una vez lo tengan escrito todos los/las alumnos/as se procede a colocarlo y a la vez que cada alumno/a coloque su parte va a decir su deseo.

Habilidades que se trabajan:

Las cuatro habilidades lingüísticas.

Etapa a la que va dirigida:

Educación Infantil y Educación Primaria

CUENTO NAVIDEÑO

Los/las alumnos/as deben crear un cuento, pero será un cuento al azar, ya que deberá lanzar un dado y seguir las directrices que le toquen de la plantilla. Una vez tenga sus datos para crear su cuento es la hora de escribirlo. Acompañando a esta actividad se puede realizar un concurso de cuentos, se puede representar todos los cuentos o el cuento ganador en pequeños grupos o en gran grupo y además se podría narrar el cuento y grabarlo para la radio del colegio o similar.

BOLAS PARLANCHINAS

En diferentes bolas navideñas cada alumno/a o el propio maestro/a escribirá diferentes preguntas o frases que le parezcan interesantes. Por ejemplo: Si tuviera que elegir un único regalo de navidad sería... Si pudiera hablar con los reyes magos les diría... Mi cena perfecta de Nochevieja sería...Una vez redactadas las frases o preguntas en las bolas se colocarán en un árbol. Tras ello, cada alumno/a debe coger una bola y de manera oral o escrita debe responder al ítem que le haya tocado en la bola.

Habilidades que se trabajan:

Las cuatro habilidades lingüísticas.

Etapa a la que va dirigida:

Educación Primaria y Educación Secundaria.

RECURSOS PARA EL PROFESORADO

Rúbricas y dianas de evaluación:

Con estos documentos descargables podrás evaluar las cuatro habilidades lingüísticas.

● Rúbrica expresión oral

EVALUACIÓN EXPRESIÓN ORAL

ALUMNO/A:

Criterio	4 - Excelente	3 - Bueno	2 - Satisfactorio	1 - Necesita mejorar
Claridad	Habla claramente en todo momento; es fácil de entender.	Habla con claridad la mayor parte del tiempo; es comprensible.	Habla de forma clara algunas veces; en ocasiones es difícil de entender.	Habla de manera poco clara la mayor parte del tiempo; es difícil de entender.
Fluidez	Habla con ritmo constante, sin pausas largas ni interrupciones innecesarias.	Habla con buen ritmo; solo algunas pausas menores.	Pausas frecuentes que afectan el ritmo y la continuidad.	Pausas constantes y muchas interrupciones que dificultan la comunicación.
Vocabulario y contenido	Utiliza un vocabulario adecuado y variado; el contenido es completo y relevante.	Usa un vocabulario adecuado pero limitado; el contenido es adecuado.	Vocabulario simple y repetitivo; el contenido es poco completo.	Vocabulario inadecuado o incorrecto; el contenido es confuso o poco relevante.
Actitud y expresión	Muestra entusiasmo y contacto visual; usa gestos y expresión adecuados.	Muestra interés y contacto visual, pero con pocos gestos.	Muestra interés mínimo y contacto visual limitado; apenas usa gestos.	No muestra interés; evita el contacto visual y no usa gestos o expresión facial.

- Rúbrica expresión escrita

EVALUACIÓN EXPRESIÓN ESCRITA

ALUMNO/A:

Criterio	4 - Excelente	3 - Bueno	2 - Satisfactorio	1 - Necesita mejorar
Organización	El texto tiene una estructura clara (inicio, desarrollo, conclusión); las ideas están bien organizadas.	El texto tiene una estructura clara, pero algunas ideas están desorganizadas.	La estructura es poco clara y algunas ideas están desordenadas.	No sigue una estructura clara; las ideas están desordenadas.
Gramática y ortografía	No presenta errores gramaticales ni ortográficos; el lenguaje es adecuado.	Algunos errores gramaticales o de ortografía, pero no afectan la comprensión.	Presenta varios errores que dificultan un poco la comprensión.	Muchos errores gramaticales y ortográficos que dificultan la comprensión.
Vocabulario y contenido	Usa vocabulario adecuado y variado; el contenido es completo y relevante.	Usa vocabulario adecuado, aunque limitado; el contenido es adecuado.	Vocabulario simple y repetitivo; el contenido es básico.	Vocabulario inadecuado; el contenido es confuso o poco relevante.
Coherencia y cohesión	Las ideas están bien conectadas; el texto es fácil de seguir y entender.	Las ideas están conectadas, aunque algunas transiciones son abruptas.	Las ideas están débilmente conectadas; la coherencia es limitada.	No hay coherencia; las ideas no están conectadas y el texto es confuso.

● Rúbrica comprensión oral

 EVALUACIÓN COMPRENSIÓN ORAL

ALUMNO/A:

Criterio	4 - Excelente	3 - Bueno	2 - Satisfactorio	1 - Necesita mejorar
Identificación de ideas principales	Identifica las ideas principales de la conversación o exposición sin dificultad.	Identifica las ideas principales, aunque necesita mínima ayuda.	Identifica algunas ideas principales, pero con ayuda.	No logra identificar las ideas principales, incluso con ayuda.
Interpretación de detalles	Comprende y recuerda los detalles importantes de lo que escucha.	Comprende la mayoría de los detalles importantes, aunque omite algunos.	Comprende algunos detalles, pero no todos son relevantes.	No comprende o recuerda los detalles importantes de la conversación.
Respuestas a preguntas	Responde correctamente a preguntas sobre el contenido sin dificultad.	Responde a la mayoría de las preguntas correctamente.	Responde a algunas preguntas, pero con errores o confusión.	No responde correctamente a las preguntas o no puede responder.
Atención y concentración	Mantiene la atención durante toda la actividad, sin distracciones.	Mantiene la atención la mayor parte del tiempo, con mínimas distracciones.	Su atención varía y se distrae con frecuencia.	No logra mantenerse concentrado; se distrae constantemente.

● Rúbrica com-
  prensión escrita.

EVALUACIÓN COMPRENSIÓN ESCRITA

ALUMNO/A:

Criterio	4 - Excelente	3 - Bueno	2 - Satisfactorio	1 - Necesita mejorar
Identificación de ideas principales	Identifica claramente las ideas principales del texto sin ayuda.	Identifica las ideas principales con mínima ayuda.	Necesita ayuda para identificar las ideas principales.	No identifica las ideas principales, incluso con ayuda.
Interpretación de detalles	Comprende y recuerda los detalles importantes del texto.	Comprende la mayoría de los detalles importantes, aunque olvida algunos.	Comprende algunos detalles, pero no todos son relevantes.	No comprende o recuerda los detalles importantes del texto.
Inferencias y conclusiones	Hace inferencias lógicas y saca conclusiones acertadas basadas en el texto.	Hace inferencias, aunque algunas no son completamente acertadas.	Hace pocas inferencias o conclusiones, y algunas no son precisas.	No realiza inferencias ni conclusiones adecuadas sobre el texto.
Vocabulario y contexto	Comprende el vocabulario en su contexto y puede explicar términos clave.	Comprende la mayoría del vocabulario, aunque necesita ayuda con algunos términos.	Necesita ayuda frecuente para comprender términos en contexto.	No comprende el vocabulario clave, incluso con ayuda.

● Diana de evaluación del cuaderno.

Rúbricas de autoevaluación

● Rúbrica autoevaluación del alumno/a.

● Rúbrica de autoevaluación del profesor.

APLICACIONES Y PLATAFORMAS PARA UTILIZAR EN EL AULA

Canva: Aplicación para realizar trabajos como infografías, presentaciones, folletos, curriculums...

Quizziz: Con esta aplicación se pueden crear multitud de juegos para evaluar a los alumnos/as. Mi modo de juego preferido es el modo papel, ya que los alumnos tienen unas tarjetas con códigos QR y dependiendo de la posición en la que la pongan, pero hay muchas más posibilidades. Además se puede vincular con Google Classroom.

Wordwall: Aplicación en la que se podrán afianzar los conocimientos con diferentes juegos. Se pueden utilizar tanto los juegos ya creados como crear uno propio.

Educaplay: Plataforma de juegos interactivos donde podrás encontrar juegos como sopas de letras, crucigramas, ordenar frases... Puedes utilizar juegos ya creados o crear los tuyos propios.

Liveworksheet: Plataforma de fichas y actividades online. Se trata de un lugar donde podrás encontrar multitud de actividades interactivas auto corregibles donde los/las alum nos/as podrán poner a prueba sus aprendizajes.

Kahoot!: Se trata de una plataforma de cuestionarios interactivos donde los estudiantes pueden repasar conceptos de forma divertida.

Duolingo: Aplicación para aprender idiomas mediante ejercicios y juegos. Es útil para mejorar el vocabulario y la gramática en inglés, español y otros idiomas.

Matific; Juegos interactivos centrados en matemáticas que ayudan a desarrollar el razonamiento lógico y las habilidades matemáticas de forma entretenida.

Khan Academy Kids: Ofrece actividades y juegos para repasar matemáticas, lectura y ciencias. Los estudiantes pueden progresar a su propio ritmo.

Quizlet: Permite a los estudiantes crear sus propios sets de estudio y jugar con tarjetas didácticas en diversas materias como historia, ciencias y lenguaje.

Brainscape: Aplicación para repasar temas mediante tarjetas de memoria. Ideal para materias como ciencias, vocabulario y matemáticas.

Google Earth (Google Voyager): Google Earth incluye la función "Voyager" con actividades y juegos educativos sobre geografía, historia y ciencias naturales.

Duolingo: Aplicación para aprender diversos idiomas a través de juegos, ejercicios interactivos y actividades de escucha, habla, lectura y escritura.

BBC Learning English: Recursos gratuitos para aprender inglés, que incluyen videos, artículos, actividades de gramática y vocabulario, y juegos.

HelloTalk: Aplicación de intercambio de idiomas que permite practicar con hablantes nativos de todo el mundo a través de mensajes de texto, voz y video.

Memrise: Plataforma que enseña idiomas usando videos de hablantes nativos y juegos de repetición espaciada para reforzar el vocabulario y las frases.

LyricsTraining; Herramienta para mejorar la comprensión auditiva y el vocabulario mediante canciones populares en varios idiomas; permite completar letras a medida que escuchan.

Lingokids: Aplicación para niños que enseña inglés a través de juegos, actividades interactivas, y canciones, ideal para reforzar habilidades lingüísticas en edades tempranas.

Listenwise: Plataforma de comprensión auditiva en inglés, con temas de ciencias, historia y más. Los audios están adaptados para diferentes niveles de dificultad.

TED-Ed: Videos educativos en diversos temas con opciones de subtítulos, ideales para practicar la escucha en varios idiomas.

VoiceThread: Permite escuchar grabaciones y responder en audio, útil para practicar la escucha y responder en inglés y otros idiomas.

Epic!: Biblioteca digital con miles de libros y audiolibros para diferentes niveles, que ayuda a mejorar la comprensión lectora y la adquisición de vocabulario.

Newsela: Artículos adaptados a distintos niveles de lectura en temas como ciencia, tecnología y cultura. Incluye cuestionarios para evaluar la comprensión.

StoryCorps: Plataforma para grabar y compartir historias personales, ideal para practicar la narración y la expresión oral en inglés.

Storybird: Permite a los estudiantes crear cuentos y poemas ilustrados, ayudándoles a mejorar la escritura y la creatividad en la narrativa.

BoomWriter: Plataforma colaborativa donde los estudiantes pueden escribir y construir historias en conjunto, desarrollando la redacción y la estructuración de ideas.

ReadTheory: Plataforma de lectura y escritura que adapta los ejercicios al nivel del estudiante y proporciona actividades de comprensión escrita y expresión.

LiteracyPlanet: Plataforma con actividades para reforzar todas las habilidades lingüísticas, con juegos de comprensión, lectura y escritura.

AGRADECIMIENTOS

Llegados a este punto, he de decir que este libro es el resultado de mucho esfuerzo, muchas ganas y mucha ilusión cuyo objetivo, no es otro, sino el de crear un serie de recursos e ideas que ayuden a los docentes, futuros docentes y familias en su día a día. Cada recurso, dinámica o actividad ha sido pensada para despertar el interés en el/la niño/a transportándome así a mi infancia y en cómo a mí me hubiera gustado aprender.

Mis agradecimientos en primer lugar a la editorial Sar Alejandría que ha confiado en mí y se cruzó en mi camino proponiéndome este proyecto que nunca me hubiera imaginado poder realizar. Gracias por abrirme las puertas a un mundo que desconocía, que me ha encantado y me ha enseñado cosas que desconocía de mi misma.

Gracias a mis padres, mis pilares, ya que soy lo que soy gracias a ellos. He llegado hasta aquí gracias a vuestro esfuerzo, vuestro apoyo y vuestro cariño infinito. No tendré vida para agradeceros todo lo que habéis hecho por mí y seguís haciendo día a día.

A mi pareja, que me ha animado a continuar con este proyecto cuando sentía que no estaba hecho para mí. Que me ha ayudado a cada paso y ha aportado su granito de arena sin saber que lo hacía. No he podido elegir mejor compañero de vida.

A mi hermano, el perfeccionista de la familia, el más crítico, gracias por tus consejos que me hacen ser mejor en todos los aspectos.

Gracias a mi piña, ellos saben quiénes son, imprescindibles en mi vida, bien cerquita de mi siempre.

A mi familia, que siempre está a pie de cañón sin pedir nada a cambio. A mis estrellas que me cuidan desde el cielo, que ya no están, pero me guían y las siento en cada paso que doy.

A mis amigos, los que están en las buenas, pero más aún en las malas. Algunos de ellos con los que tengo la suerte de compartir profesión, que también han dejado un poquito de ellos en este libro tal y como les pedí.

Y gracias a ti docente, que día a día entregas todo de ti en el aula, demostrando que enseñar es, sin duda, una de las tareas más valiosas y la profesión más bonita que puede existir.

A todos/as GRACIAS de corazón, este libro también es vuestro.